公共

マイノート

教科書 公共 704
準拠

実教出版

文部科学省検定済教科書
7 実教 公共704
高等学校公民科用

公共

実教出版

もくじ

本書の使い方

❶ このノートは，実教出版の教科書『公共』(公共704)に準拠しています。

❷ 教科書の1テーマを，2ページで編集しています。

❸ ノートの左ページは，主に教科書内容の学習ポイントを簡潔にまとめています。一部を空欄にしていますが，そこに入る語句などはすべて教科書に記載されているものです。教科書をよく読んで，書き込んでみましょう。【知識・技能】

❹ 側注には，各テーマを学習するうえで是非覚えておきたい知識を補足しています。内容理解を深めるために，または空欄に入る語句を考えるときの参考としてください。

❺ 各章の最初には学習の見通しを記入する欄，章末には学習の振り返りを記入する欄を設けました。

❻ MEMOは，フリースペースです。授業中の補足事項を書き込んだり，教科書のTryやActiveに取り組む際の思考の過程をメモするなど，自由に活用することで，自分だけのノートができあがります。

❼ 適所に⑩を配置しました。知識や概念が身についているか確認してみましょう。【知識・技能】
　　※【　　　】は評価の観点を示したものです。

本書の使い方

Check 資料読解 　Check 【知識・技能】
・教科書のCheckに対応した図版や統計などを読み取ることで，課題を把握できる設問です。

Try 　 Active 　 Opinion 　 Trial 【思考・判断・表現】
・教科書各節の学習内容を受けた問いで考察するTryや話し合い活動のActiveやTrialに対応した設問です。
・取り組みやすいように選択式や空欄補充式とした設問のほか，取り組む際のヒントとなる設問もありますので，本文で学んだことを活用して考察し，表現してみましょう。

Active 【知識・技能】【思考・判断・表現】
・教科書の Active-資料から課題を考える に対応したワークシートです。
・まずは，✓振り返りチェック で重要事項を確認し，自分の意見やその根拠をまとめたり，他の人の意見や根拠をまとめたりして，考察を深めてみましょう。

Exercise 【知識・技能】
・大学入学共通テストの問題です。これまで学んだ知識や概念を活用してチャレンジしてみましょう。

●自分にとって「よりよい生き方」とは何か，具体的に書き出そう。

 青年期とは

教科書　p.6〜7

青年期の出現

・青年期…12〜13歳ころから24〜25歳ころまで

12〜13歳ころ：急速に身長が伸び，体重が増える

　　[① 　　　　　　　　　]の出現

　　　…からだつきが男らしく，女らしくなる

　　　…体毛が生えたり，声がわりをしたり，乳房が発達したりなどする

・青年期の出現

[近代以前]…[② 　　　　　　　　　](イニシエーション)を通して，

　　　　　　　　子どもから一足飛びにおとなへ

[近代以降]…市民革命・産業革命を経て，身分制が崩れると，

　　　　　　　　職業が選択自由に

　　　　　　　　→一定の学習期間＝準備期間としての青年期が誕生

・心理・社会的[③ 　　　　　　　　　](猶予期間)

　　…アメリカの心理学者[④ 　　　　　　　]による

　　　→青年期は，社会的責任や義務が猶予され，自立に向けた準備期間

・現代社会の複雑化，技能の習得の必要性

　　→[③]期(青年期)の延長傾向がみられるように

自我のめざめと第二の誕生

・青年期…自分を強く意識，自分にこだわりはじめる

　　　　　自分の思う自分，他人から見られる自分への意識

　　　　　＝[⑤ 　　　　　　]のめざめ

・[⑥ 　　　　　　　　　]…フランスの思想家[⑦ 　　　　　　]が提唱

第一の誕生：母親から生まれたとき

幼年〜少年期：親の保護のもとで成長。活動の範囲を広げるが，

　　　　　　　　考えや行動は親の判断や考えの範囲内

青年期：かつての自分を否定，親以外の人たちの考えや生き方を

　　　　　批判的に取り込む

　　　→新しい自分の形成＝[⑥]

・青年期…親や社会の価値観に否定的となる[⑧ 　　　　　　　　　]を経て，

精神的に親から独り立ちする([⑨ 　　　　　　　　　])

　　　→心の不安・動揺・葛藤も経験

　　　自分はどんな人間か，どう生きるべきかを問い，自分なりの人生観や

　　　世界観を創出していく

【②】
七五三や成人式，結婚式，還暦の祝いなど，人の一生における節目におこなわれる儀式。(→教p.6❷)

【⑤】
「自分」を自分で意識したり，「自分」と「自分」以外のものを区別したり，さまざまな自分の要素や体験を一つにまとめにして1個の「自分」を作り上げたり，また，自分の気持ちや行動，考えなどをコントロールしたりする心の働き。(→教p.7＊1)

人生観・世界観
人生観とは，人間の生き方や生きる目的など，人生についての見方・考え方。世界観とは，自然・社会・人間など，世界全体についての見方・考え方。(→教p.7❸)

・〔⑩　　　　　　　　　　　　　　　〕（境界人・周辺人）

　…子ども集団にもおとな集団にも所属しながら，
　　いずれの集団にも安定した帰属意識をもてない青年
　…ドイツの心理学者〔⑪　　　　　　　　　　〕による

MEMO

Check 資料読解 教科書p.6の記述や**1**「青年期の出現とその延長」を読み取り，中世からこんにちまでの各時代における青年期の説明として誤っているものを，次の①〜⑤のうちからすべて選びなさい。

① 青年期は，市民革命や産業革命を経た20世紀初頭に出現したと考えられる。

② 中世において青年期は存在せず，子どもは一足飛びに大人になっていった。

③ 青年期は中世から認識されており，その期間は時代を経るにつれて短くなっている。

④ 20世紀に入ると，青年期が延長される一方で，児童期は短くなっている。

⑤ こんにちでは，産業社会が高度化することで，より専門的な知識や高度な技術の習得が必要となるため，青年期が延長しているとされる。

Try 青年期がどのような時期であるかを確認し，自分の人生にとっていまがどのような意味をもっているのか，考えてみよう。

● 悩みと向きあって

青年期

・自己中心的で，傲慢 ⇔ 傷つきやすく，自己嫌悪

・悩みの共有，話しあえる友人の存在が重要に

→人間関係を深め，自己形成に向かって試行錯誤する時期

■ 適応行動と防衛機制

欲求…生理的欲求（一次的欲求）＝ 食欲，性欲など

　　…社会的欲求（二次的欲求）＝ 名誉欲，金銭欲，所有欲など

〔① 　　　　　　〕（コンフリクト）

　　…複数の欲求がぶつかりあい，どちらも選べない状態

　　　接近―接近型，接近―回避型，回避―回避型

〔② 　　　　　　〕行動…欲求をもつ個人が周囲の環境に適合しようとする行動

〔③ 　　　　　　〕（フラストレーション）

　　⇩　　　　　…欲求が実現されず，心の緊張が高まった状態

〔④ 　　　　　　〕…精神分析学者フロイト（オーストリア）による研究

　　　　　　　　…〔③〕から生じる苦痛を避け，自我を無意識に守ろうと

　　　　　　　　する心の働き

〔④〕の例

〔⑤　　　　　　〕	欲求不満や不安を無意識に抑えこんで，忘却する
〔⑥　　　　　　〕	もっともらしい理由や理屈をつけて正当化する
同一視	他人の長所を自分のものとみなして満足する
投射	自分の短所を他人のものとみなして非難する
〔⑦　　　　　　〕	抑圧した欲求と反対の行動をとる
逃避	空想の世界などに逃げこんで不安を解消する
退行	幼児期などの発達の前段階に逆戻りする
置き換え	代償	他の欲求に置き換えて満足する
	〔⑧　　　　　〕	より高い価値の欲求に置き換えて満足する

＊〔③〕を解消するために，〔⑨ 　　　　　　　　　　　〕

　（フラストレーション・トレランス）を高める必要性

● パーソナリティの形成

〔⑩ 　　　　　　　　　　　　〕（個性，人格）

　　…環境に働きかけ，環境と自己の欲求の両方を作りかえるなかで形成

　　…その人の環境への適応の仕方を決めるもの

〉〉〉欲求階層説
アメリカの心理学者マズローは，欲求を基本的欲求と成長欲求とに分け，基本的欲求がある程度満たされると高次の欲求があらわれるとした。（→圏p.8資料■）

〉〉〉個性
技能や知能などの能力と，感情や情緒の一般的な傾向である気質，それに能力と気質という二つの要因の働きをまとめる性格からなっている。（→圏p.9＊3）

MEMO

Check 資料読解 **教科書p.8「共同体感覚と劣等感」** アドラーは，劣等感をどのようなものと考えているのだろうか。次の文章の〔 ア 〕〜〔 オ 〕に適語を書きなさい。

・劣等感をもつ人は，自分の価値が〔ア　　　　　　〕の思わくの中で判断されると考え，そのことについて〔イ　　　　　〕を持っている。
・劣等感をもつ人は，自分が人生の有用な面において〔ウ　　　　　　　　〕だと感じることができない。
・他者と〔エ　　　　　〕することのできる共同体感覚をもつ人は，自分のもつ〔オ　　　　　　　〕を有用な行為に向かう動機として用いることができる。

Try より望ましい自分とはどのようなものか，⇒またそのような自己を形成するためには，どのような行動をしたらよいのか，考えてみよう。

青年期の発達課題

ライフサイクル（人生周期）

　…乳児期，幼児期，児童期→青年期→成人期，中年期，老年期

　…各段階で達成すべき課題 ＝［①　　　　　　　　］がある

・アメリカの心理学者［②　　　　　　　　　　　］による青年期における

　［①］とは

　＝［③　　　　　　　　　　　　　　　　　］（自我同一性）の確立

　　…「自分らしさ」のこと

　　…一貫性があり，他とは区別される自分が意識され，

　　　そのことを周囲にも認められているという意識

・現代の過剰な情報→情報に振り回されて，自意識過剰に

　→等身大の自己を見失い，自分が何者かわからない状態

　　＝［④　　　　　　　　　　　　　　　　］

・何ごとにも興味・関心をもてなくなる［⑤　　　　　　　　］の状態

　→青年が自己形成していく努力をくじいてしまう要因に

【ライフサイクルの例】

乳児期	基本的信頼
幼児期	外界との出あい，言語の習得，人格の基礎形成
児童期	知的関心の向上，社会性の発達
青年期	（前期）［⑥　　　　　　　］，［⑦　　　　　］の形成
	（中期）友人・異性関係，［⑧　　　　　　　］の探求
	（後期）将来生活の準備，職業を通じた［⑨　　　　　　　　］
成人期	興味関心に基づく主体的学習
	職場における人間関係の発達
中年期	限界と個性の再確立，次世代への知識・技術の継承
老年期	生きがいとしての学び，趣味を楽しむ

社会の多様性と共通性

・人間と社会…それぞれ独自性や多様性をもつだけではなく，共通性をもつ

　　　　　　　→違いを認めたうえで尊重しあおうとする必要性

現代社会と青年

・自らの考えや経験を語り，相手からの応答をフィードバック

　→社会における自己のあり方を確立していく

ハヴィガーストによる青年期の［①］

アメリカの教育学者ハヴィガーストは，青年期の［①］として，「同世代の同性，異性の友人との洗練された人間関係を作ること」，「両親や他のおとなから情緒的に自立すること」などの項目を挙げた。

MEMO

_____
_____
_____
_____
_____
_____
_____
_____
_____
_____
_____
_____
_____

Check 望ましい自己のあり方について，日本の思想家はどのように主張したのか，教科書p.16～17を参考にして，次の文章の〔 ア 〕～〔 オ 〕に適語を書きなさい。

・古代の日本人は，人に対して嘘偽りのない明朗で曇りのない心を〔ア　　　　　　〕として尊重した。
　儒学者の伊藤仁斎は，仁愛の根底に純粋な心のありようである〔イ　　　　〕をおいている。
・国学を大成した本居宣長は，人間のあるべき姿は，物事を道理で理解するのではなく，ありのままの感情である〔ウ　　　　　　〕によって受け止めるべきであると主張した。
・福沢諭吉は〔エ　　　　　　〕の精神の重要性を説いた。夏目漱石は内発的な自己の確立を説いた。
　和辻哲郎は，人間とは個人であるだけではなく社会的な存在でもある〔オ　　　　　　　〕とした。

Active　社会のなかで自立した自己を形成するために大切なことは何だろうか，話しあってみよう。

（自分の考え）

（他の人の考え）

職業の意義と職業生活

【何のために働くのか】

・生計を立てて経済的に自立する

・仕事を通じて，自分らしさを生かし，目的を見つける

　→自分の能力を発揮する＝［①　　　　　　　　　］

・仕事を通じて社会に貢献，社会的責任を果たすこと

　→職業は，自分が社会や人々の役に立っているという自覚と実感（生きがい）
　　を与える

【自分に適した職業に就くためには】

・自分の性格の特徴や興味・関心の方向を理解する

・［②　　　　　　　　　　　　　］などに参加する

　　…職業についての具体的な知識・経験を得ることができる

　　…自己理解が深まることに

【現代の若者の課題】

・［③　　　　　　　　　　］と［④　　　　　　　　］の増加

　［③］…定職に就かない，就職の意思決定を先送り

　［④］…就職に向けた就学をしていない，雇用されていない，
　　　　就職に向けた訓練をしていない

社会参加とボランティア活動

・［⑤　　　　　　　　　　　］としての人間…アリストテレスによる定義

　　＝人間は社会を作り，社会とのかかわりのなかで自己を形成していく存在

　　　　　⇩

　　積極的に，責任をもって社会にかかわっていくこと

　　＝［⑥　　　　　　　　　］の重要性

・［⑦　　　　　　　　　　　］

　　…自発的に社会や他人に貢献する社会的な活動

　　　新たな世界との出あい，ひろがる人の輪・つながり

　　　　　⇩

　　自己実現と生きがいにつながる人間的連帯

〉〉〉【③】
内閣府の定義では，15〜34歳（学生と主婦を除く）のうち，パート・アルバイト（派遣社員を含む）で働いている人，および働く意思のある無職の人のことをいう。（→教p.12）

〉〉〉【④】
日本では，15〜34歳の未婚者で就業，就学，職業訓練をしていない人のことをいう。（→教p.12）

〉〉〉【⑦】
「自主性（主体性）」「社会性（福祉性）」「無償性（無給性）」という三つの性格があげられる。有償のボランティア活動もある。（→教p.13❸）

Check 資料読解 教科書p.12の資料「賃金(月収)の比較」と「正社員とフリーターの待遇例」から読み取れる内容として正しいものを，次の①〜⑤のうちからすべて選びなさい。

① 20〜24歳代から50〜54歳代をみると，正社員・正職員の賃金は上昇していくが，フリーターなどの場合は賃金がほぼ変わらないことが分かる。

② 正社員・正職員とフリーターなどでは，賃金の水準が月額で50〜54歳代では2倍ほどの格差が生まれるが，20〜24歳代で見るとフリーターなどの方が賃金は高いことが分かる。

③ 正社員・正職員の賃金も，フリーターなどの賃金も，50歳までは年齢を追うごとに上昇しており，人生設計をしていくうえで，どちらを選んでも不都合が生じるわけではないことが分かる。

④ 正社員は雇用制限がなく一方的な解雇をされないなど雇用が守られているが，フリーターは雇用の期限が短期または限定されており，解雇(雇い止め)の可能性もあり，その点で雇用が不安定であることが分かる。

⑤ 健康保険を見ると，正社員，フリーターともに雇用主が半額負担するようになっており，セーフティーネットの上で両者に待遇の差はないことが分かる。

Active ボランティアなどの社会参加から得たこと，また取り組んだことで自分がどのようにかわったのか，互いの経験を話しあってみよう。

(自分の経験)

(他の人の経験)

日本人と自然

【日本人の伝統的な自然観】

・豊かな自然，四季の移りかわりをもつ列島の〔①　　　　　〕が育む

【日本人にとってのカミ】

・カミ(神)…不可思議な力をもち，畏怖の念を起こさせる存在

　　　　ただ一人の人格神ではなく，無数の神々＝〔②　　　　　　　〕

・『古事記』に見られる神々…「生む」神々，「なる」神々

・日本人にとってのカミ…自然を通して豊かな恵みをもたらす存在

　　　　　　　　　　　…疫病や天災など災厄をもたらす存在

　カミに対して収穫の恵みを感謝し，災厄から逃れることを願う祭り(祭祀)，

神をまつる儀礼としての〔③　　　　　〕が成立

・自然に対する素朴な驚きと畏怖の念

　→自然と対立することなく親しみをもちながら共存

　　日本人の宗教観や道徳観，世界観の基礎に

日本人が重視してきた倫理観

・清き明き心(〔④　　　　　　〕)

　…人に対して嘘偽りがなく，飾らず，明朗で曇りのない心

・江戸時代に儒学(儒教の学問)が広まった

【儒学の日本化】

・伊藤仁斎…仁と〔⑤　　　　　〕の重視

　　　　　→日常生活で自己を尽くす〔⑥　　　　　〕の実践を説く

【国学の運動】

・国学…日本古来の純粋な考え方を見出そうとする試み

・本居宣長…日本古来の〔⑦　　　　　　〕の道(カミの振る舞いにそのまま従う

　　　　　こと)を説く

　　　　　…仏教や儒学などが人間性を道理によって理解することを

　　　　　　「〔⑧　　　　　〕」であると批判

　　　　　…ものに当たるときに自然とわき上がってくる，ありのままの感情

　　　　　　(〔⑨　　　　　　　　　　　　〕)につくことが，人間のある

　　　　　　べき姿と主張

日本の近代化と個のとらえなおし

・福沢諭吉…明治期の啓蒙思想家，封建制度を支えた儒教道徳を批判

　　　　→〔⑩　　　　　　　　〕論を主張

　　　　　…人は生まれながらに天から等しく人権が与えられている

・夏目漱石…日本の近代化は〔⑪　　　　　　　　〕を欠いた

　　　　〔⑫　　　　　　　　〕で，日本人は自己の確立が遅れていると批

判

>>> 啓蒙思想

人間の理性の力によって旧来の迷信・偏見を打破しようとする思想運動をさしていう。(→圏p.17❸)

>>> 夏目漱石

人間のもつ利己主義(エゴイズム)をテーマとする作品を多く残した。晩年は則天去私(天に則って，私を去る)という東洋的な境地に近づいた。

独特の個人主義…利己主義(エゴイズム)ではなく，自己本位に生きる
・和辻哲郎…人間とは〔⑬　　　　　　　　〕である
　　　　→人間はただ孤立した個人としてあるのではなく，
　　　　　人と人との関係(つながり)のなかにおいてある

MEMO

🐾 Try　　日本の伝統・文化を生かしつつ，これからの国際社会で生きていくうえでどのような態度が求められるのか，考えてみよう。

第1章　この章の学習をまとめてみよう。

●よりよく生きていくために，自分が最も大切にしたいことを考えてみよう。

●「よりよく生きる」ために，どのような考え方をすればよいか検討しよう。

1 古代ギリシアの人間観

教科書　p.18〜19

[①　　　　　　　　]…理性の力で世界のあり方や人間の生き方をとらえる

無知の知—ソクラテス

ソクラテス…人間の生き方についての普遍的な真理を探究

・ただ生きることではなく，「[②　　　　　　　　]」こと

　…善や正を真に知ろうとすること

・[③　　　　　　　　]…善や正の意味について，無知であることを自覚

　→知を求めるようになる

・哲学 ＝[④　　　　　　　　]

　…ソクラテスは，知を愛し求めることの大切さを訴えた

・人間の真の姿 ＝ 魂([⑤　　　　　　　　])

　→魂をよいものとするよう，絶えず世話をすべき

　　＝[⑥　　　　　　　　]を訴えた

・善や正を知ることで魂がよいもの・正しいものになり，魂の優れたあり方で

　ある徳([⑦　　　　　　　　])が実現 ＝「徳は知」，知徳合一

　よいおこないや正しいおこないの実行 ＝[⑧　　　　　　　]

　よく生き，幸福に生きることができる ＝[⑨　　　　　　　]

イデアへのあこがれ—プラトン

プラトン…師の思想を発展させ，理想主義的な思想を展開

・人間に確実な知をもたらすもの…理性

　[⑩　　　　　　　]…理性によってとらえられる物事の真の姿

　　　　　　　　…かつて人間の魂があった場所

　[⑩]にあこがれる知的で純粋な愛 ＝[⑪　　　　　　　]

　→[⑩]の世界の追求 ＝ 幸福につながる人間の生き方

徳と中庸—アリストテレス

アリストテレス…師の思想とは異なる現実主義的な思想を展開

・真の実在…感覚でとらえられる現実の事物

・事物の成り立ち

　本質([⑫　　　　　　])…個々の事物のなかにあり，そのものを成り立たせる

・人間の[⑫]…魂，人間にとっての徳 ＝ 魂のすぐれたあり方

》》》プラトン
アテネの名門に生まれる。魂は**理性**，**気概**，**欲望**の3部分からなり，理性が気概と欲望を**統御**し，魂が調和することで**正義**の徳が実現する(四元徳)と説いた。また，イデアを認識する哲学者が統治する**哲人政治**によって正義の支配する**理想国家**が実現されると考えた。主著『饗宴』『パイドン』『国家』。(→教p.19人物紹介)

》》》**アリストテレス**
プラトンの学園アカデメイアで学ぶ。師のイデア論を批判し，**現実主義**の立場をとった。また，倫理的徳のなかでも正義を，共同体で生活する上で欠かせないものとして重視した。主著

・徳に基づいた現実の行動や生き方 → 人間にとっての善が実現

└──〔⑬　　　　　　　〕（習性的徳）

　　　　…勇気，節制，正義など

　　　　…よい行為を反復することによって得られる徳

人間は行為を通じて極端や過不足を退けた〔⑭　　　　　　　〕を選択

・正義と友愛…社会的動物である人間の共同体で欠かせないもの

　　┌─ 広義の正義〔⑮　　　　　　　　　〕…法を守り共同体の共通の善を実現

　　└─ 狭義の正義〔⑯　　　　　　　　　〕…人々の間に公正が成立

・人間の最高善…幸福 ＝ 何かの手段とならない，最高の目標

人間に最高の幸福をもたらす生き方とは

　　…理性を純粋に働かせる観想（〔⑰　　　　　　　　　〕）的生活

『形而上学』『ニコマコス倫理学』。（→國p.19人物紹介）

〉〉〉〔⑯〕
〔⑯〕はさらに，名誉や財貨などを各人の働きや功績に応じて配分する配分的正義と，裁判や取引などで当事者たちの利害や得失が均等になるように調整する調整的正義の二つに分けた。

MEMO

Try よく生きること，また幸福に生きることとはどういうことなのか，自分の考えをまとめてみよう。

2 科学と人間

》》》イドラ
ベーコンは，人間の内面にひそむ先入観や偏見をイドラ(幻影)と名づけ，それを種族のイドラ，洞窟のイドラ，市場のイドラ，劇場のイドラの四つに分類した。
(→教p.20＊2)

》》》タブラ・ラサ
白紙のこと。[③]は，心をタブラ・ラサとみなしたように，すべての観念は感覚的な経験から生まれるとし，生得観念を否定する。
(→教p.21＊3)

》》》[⑨]
[⑨]は，感覚によって与えられる観念以外に，心には生まれつき備わっている観念があり，確実な知識はこの生得観念を基礎として構成される，と説く。
(→教p.21＊3)

科学的思考の確立

・科学の発展…近代ヨーロッパにはじまる

　ベーコンとデカルトの思想…科学的なものの見方・考え方の基礎となり，

　　　　　　　　　　　　　　近代科学の発展に大きな影響を及ぼした

帰納法と演繹法

ベーコン…伝統的な学問は，物事をありのままに見ようとしない，

　　　　　　現実離れした内容がないものであると批判した

・観察や実験に基づく[①　　　　　　]を通じて自然を探究して，

　確実で役に立つ知識を得る

・個々の経験的な事実から共通することがらを取り出し，

　そこにある一般的な法則を解明する

　　→[②　　　　　　　]…経験から知識を得る方法

・知識の源泉を経験に求める立場＝[③　　　　　　]

・有用な知識…自然を支配し，人間の思うとおりに操作できる法則性を

　　　　　　　　もったもの

・「[④　　　　　　　　]」

　…学問を通じて得た知識をもとに自然を利用する

　　→人類社会の幸福が増大

デカルト…ベーコンとは異なる方法で，新しい学問のあり方を求めた

・伝統的な考え方や先入観など，疑い得るものをすべて疑う

　＝[⑤　　　　　　　]

・一切を疑わしいと考えている間も，

　そう考えている私は存在しなければならない

・[「⑥　　　　　　　」]…疑い得ない確実なもの

　「私は考える，それゆえに私はある」

　([⑦　　　　　　　　　　])

・確実で疑い得ない真理から出発し，理性的な推論を進め，

　新たな知識を導きだす

　　→[⑧　　　　　　]…理性による推論から知識を得る方法

・知識の源泉を理性のうちに求める立場＝[⑨　　　　　　]

　理性が絶対で確実な知識を積み重ねる→人類の進歩

デカルトの自然観

考える私…精神(理性)，人間の身体や自然…空間を占める物体

　　→精神と物体は独立した存在

　　　　　　([⑩　　　　　　　　　　　])

　　自然…一定の法則のもとで動く機械

　　　　　→人間は理性によってしくみを解明

自然の支配が可能に…機械論的自然観

人類の幸福と科学

・近代科学の考え方→生産技術の進歩と結びつき，物質的な繁栄をもたらした
・核兵器開発，地球規模の環境破壊など
  →科学技術のあり方や自然に対する考え方への反省
  →人類と自然との共生へ

MEMO

- -

- -

- -

- -

- -

- -

- -

- -

Check 資料読解 ①教科書p.21「正しい経験論とは何か」 ベーコンによれば，確実な知識を導く経験とはどのようなものだろうか。正しいものを，次の①〜④のうちから一つ選びなさい。

① 中世の伝統的な学問で見られたような，自分の個人的な判断に基づく経験。
② 実際の観察に基づき，実験によって検証されていくような個々の経験。
③ 確実な知識から推論され，真実であると確信できるような経験。
④ 自分と自然との対立がそこでは消え去っているような純粋経験。

②教科書p.21「考える私とは何か」 デカルトは，なぜ「考える私」を第一原理と判断したのだろうか。正しいものを，次の①〜④のうちから一つ選びなさい。

① 方法的懐疑によって，今ここで疑わしいと考えている私すら疑わしいと考えるようになったから。
② 精神と物体はそれぞれ異なるものであり，精神の方が感覚において勝っているから。
③ 一切の先入観や疑いをさしはさむ余地がないことが，確かな知識の出発点となると考えたから。
④ 「知は力なり」と考え，「考える私」こそが自然を支配し操作することができるとしたから。

Active 科学技術の利用に当たって，私たちが考えておかなくてはいけないことは何か，話しあってみよう。

（自分の考え）
（他の人の考え）

意志の自由と道徳法則—カント

・ドイツの哲学者カントの考え

　　人間としてなすべき義務を義務としておこなう意志＝[① 　　　　　　　]

　　　行為の善さ…その結果ではなく，動機となる意志のうちにある

　　　＝[② 　　　　　　]

人間以外の動物…本能や自然の欲望に従って生きている

人間…本能や自然の欲望の他に理性や良心をもっている

理性的な人間…「なすべきこと」を判断して実行する自由がある

　　　　　　　＝「[③ 　　　　　　　　]」

(例)電車で席を譲ろうとする場合

　　「もしほめられたいならば，席を譲れ」

　　…条件付きの命令([④ 　　　　　　　])

　　「席を譲れ」

　　…「～すべし」という無条件の命令([⑤ 　　　　　　　　])

　　　　　　　＝[⑥ 　　　　　　　]

欲望や幸福とはかかわりなく，道徳法則に従って行動できる人間

　　＝自律した人間

人間が自ら法則を立て，自らそれに従うこと

　　＝[⑦ 　　　　　　　　]…道徳における真の自由

人格の尊厳

・道徳の主体としての人間＝[⑧ 　　　　　　]

　→[⑧]であるがゆえに，人間はすべて平等であり，尊厳をもつ

・[⑧]としての人間…それ自身が究極の「価値」をもつもの

　→決して単なる手段としてのみ扱われてはならない

・人々が互いの人格を目的として尊重しあう理想の社会…[⑨ 　　　　　　　]

・人間の価値≠役に立つ，知識が優れている

　　　　　　　＝対等の人格としてあること

　　　　　　　＝人間としての尊厳

社会における自由の実現—ヘーゲル

　カントの考える自由…個人の内面の良心(善意志)を問うもの

　⬆　主観的・抽象的であると批判

　ヘーゲルの考える自由…具体的な制度を通じて，現実の歴史のなかで

　　　　　　　　　　　　実現されるもの

・自由が実現される共同体…[⑩ 　　　　　　]

＝人間を外面的に制約する法と，内面的に制約する道徳とが総合されたもの

【人倫の三段階】

家族…自然の情愛で結ばれた共同体。人々はその一員として親密につながり，

まとまって生きている

因果律
自然の世界は，原因があって結果があるという考え。自然法則という必然が支配する世界であり，一切の自由はない。ただ一つ，人間のもつ[③]だけが自由として存在する。(→𝕡p.22❶)

[⑥]
「きみの意志の格率(行為の原則)が，常に同時に，普遍的立法の原理となるように行為せよ」と表現される。(→𝕡p.22＊1)

ヘーゲル
自由の問題は，個人の人格においてではなく，これをこえた社会や歴史との関係でとらえるべきものであると考え，世界の歴史とは，**絶対精神**が自己をあらわし，自由を実現していく過程であるとした。主著『精神現象学』『法の哲学』。(→𝕡p.23人物紹介)

弁証法
あるもの(**正**)には，自己自身のなかに自己と対立し矛盾するもの(**反**)が含まれており，この対立・矛盾がより高い次元で総合(止揚)され，統一される(**合**)という法則。(→𝕡p.23＊2)

市民社会…個人の欲望に基づいた共同体。人々は自分の利益を求めて競争し，
　　　　別々に生きている（人倫の喪失態）

［⑪　　　　　　　］…家族と市民社会が総合されたもの。人々はその一員として生
　　　　　　　きるとともに，自立した個人として扱われる（人倫の完成態）

MEMO

_____

_____

_____

_____

_____

Check 資料読解　①教科書p.22「善意志」　カントは，なぜ善意志を無条件に「善い」と考えたのだろう
か。最も適切なものを，次の①～④のうちから一つ選びなさい。

①　知力や勇気といった特質は一般的には善であるとされるが，悪い目的のために用いられると悪にも
　なりうる。これに対して善意志とは，行為がもたらす結果や，目的の達成のために有用であるかにか
　かわりなく，それ自体で善であるから。

②　人間にとって善であるとされるのは，その行為がよい結果をもたらすような行為である。そして，
　善意志による判断に基づいておこなわれる行為が，一般的によい結果を生むことは経験的にも理性的
　にもいえることであるから。

③　何が人間にとってよい行為かを選び取るとき，私たちは経験を理性の力でまとめ上げ，よりよい方
　を選び取るのである。このときに発揮される決断力や，選び取った行為に対して責任を取ろうとする
　意志を支えるのが善意志であるから。

④　人間に行為を命じるのは，「～ならば…せよ」という命法と「～せよ」という命法の二つがある。善意
　志はこの二つの命法を統一するものであり，すべての人に当てはまる普遍的な道徳法則の基礎となる
　ものであるから。

②教科書p.23「人倫の三段階」　ヘーゲルは，家族と市民社会の相違点をどのように捉えたか。次の文章
の〔ア〕～〔エ〕に適語を書きなさい。

　　〔ア　　　　　　〕においては，人は自然の情愛で結ばれた共同体の一員として生きている。そこでは
〔イ　　　　　　〕は共同体のなかに埋没している。〔ウ　　　　　　　　〕において，人々は独立した〔イ〕
となる。しかし，ここで〔イ〕は全体と分離してしまい，「〔エ　　　　　　〕の喪失態」となる。

Try　　自由とは何か，自由はどのように実現されるべきものなのか，自分の考えをまとめてみよう。

_____

マルクス
ドイツの思想家。貧困や不平等など，資本主義がもたらす問題を解消し，人間の解放と真の共同体を実現するためには，資本主義社会を変革し，新たな社会を作るべきだと主張した。そして，その変革主体は労働者階級（プロレタリアート）であると考えた。（→國p.24❶）

実存
今，ここに生きる人間としての「私」の現実存在のこと。

ハーバーマス
近代を否定するのではなく，近代の試みを「未完のプロジェクト」として擁護した。（→國p.25人物紹介）

生活世界
家族や友人など，対話を通して行為の調整をおこなうコミュニケーション的行為の領域。

アーレント
近代化が進むなか，公共性が侵害され，人々が他者とのつながりを失い，孤立していったことを問題とした。（→國p.25人物紹介）

【現代社会における問題】
・飢餓や暴力，不平等，差別，抑圧など自然には解決しない問題
　　→社会は，よりよいものへとかえていく行為を通して維持される

自由と社会参加—サルトル

人間以外の物（道具など）…何かの目的のための手段として存在する
　　　　　　　　　　　　　　（本質が存在に先立つ）
人間…まず現実に存在し，そのうえで自己のあり方を自由に選び取る
　　　　（「[①　　　　　　　　　　　　　]」）
・自由であること＝大きな義務をもつこと
　　　　　　　　　　　選択したことや，その結果に対して，責任を負う
　　→人間は，自由であることを強制されている
　　　＝「人間は[②　　　　　　　]に処せられている」
・自由であること＝自らの手で未来を創造すること
　　　　　　　　社会形成に参加していくこと
　　　　　　　　（[③　　　　　　　　　　　　　]）
　　→公正な社会を創造するための基礎

コミュニケーション的行為—ハーバーマス

・市民的公共性…人間が対等の立場で議論することで成立
　　　　　　　　近代において国家による管理が強まり，次第に失われる
　　→人間が作り出した制度が日常生活を支配
　　　＝「[④　　　　　　　　　　　　]」
・理性…目的実現の手段を求める（道具的な理性）だけでなく，
　　　　対話において人々を合意に導く＝[⑤　　　　　　　　]
・[⑤]に基づく討議による合意の形成
　　⬇️　＝[⑥　　　　　　　　　　　　　　]
　　制度を作りかえ，理性的な社会秩序を作り上げる対話的理性
　　→主体的な生活世界を再構築する可能性

公的な領域—アーレント

・アーレントによる人間の生き方の区別
　[⑦　　　　　　]…生きるために必要
　[⑧　　　　　　]…道具や作品を作ること
　[⑨　　　　　　]…言葉をかわして[⑩　　　　　　]（公共空間）を築くこと
　　　　　　　　人間にとって本質的なもの
　　　　　　　→人間は自己が唯一な存在であることを自他に認められる
・古代ギリシアのポリスをモデルとする[⑩]の実現
　　→人間性の獲得

Check 資料読解　①教科書p.25「市民的公共性」　ハーバーマスによれば，市民的公共性はどのように形成されるのだろうか。次の文章の〔 ア 〕～〔 カ 〕に適語を書きなさい。

　　近代社会を作りだした〔ア　　　　　〕は，やがて目的を実現する手段を求める道具的なものとなり，これが人間を支配するようになった。かつて人々がもっていた〔イ　　　　　　　　〕は失われていった。しかし，人間には〔ウ　　　　　〕において人々を合意に導く理性の働きがある。この理性の働きにより，人間は互いの主張を吟味しあう自由で開かれた〔エ　　　　　〕を通じて〔オ　　　　　〕を形成することができる。このような〔カ　　　　　　　　　　　〕を通じて市民的公共性が形成されていくとハーバーマスは考えた。

②教科書p.25「複数性」　アーレントは，人間の活動に不可欠な条件を何であると考えたのだろうか。次の文章の〔 ア 〕～〔 エ 〕に適語を書きなさい。

　　生存のために必要な〔ア　　　　　〕や，道具や作品を作る〔イ　　　　　〕と異なり，物や事柄の介入なしに直接人と人との間でおこなわれる〔ウ　　　　　〕が，公共性を築いていく人間にとって本質的なものである，とアーレントは考えた。活動とは，人間が〔エ　　　　　〕性をもって生きているという「人間の条件」に対応している。公共性が侵害され，人々が他者とのつながりを失うことは，本来の人間性を失うことを意味するとアーレントは考えたのである。

Try　より望ましい社会を築いていくために，私たちはどのように社会にかかわっていくべきなのか，具体例をあげて考えてみよう。

第2章　この章の学習をまとめてみよう。

●哲学や思想は，よりよく生きることにどんなヒントを与えてくれるか考えてみよう。

●現実社会には，どのような不正義や不公平の問題が存在するか，具体的な例をあげよう。

1 人間と幸福

教科書　p.26〜27

>>> **制裁（サンクション）**
個人の利己心が社会規範に背いたときに与えられる，自然的，法律的，道徳的，宗教的の四つの外部的な強制力。
（→國p.26人物紹介）。

幸福の実現とは—功利主義

[①　　　　　　　　　]…イギリスの思想家ベンサムが主張

できるだけ大きな幸福を生み出す行為＝善

行為の正しさを結果の善さに求める立場＝[②　　　　　　　]

→幸福＝快楽，不幸＝苦痛

・ベンサムの人間観…あらゆる人は快楽を求め，苦痛を避ける

→最も多くの人々に最も大きな幸福をもたらす行為が最善

→「[③　　　　　　　　　　　　]」の達成が，社会的な正義の実現

【ミルによる功利主義の修正】

ベンサム…快楽を数量化し，計算によってはかることができるとした

ミル…快楽には量の差だけでなく，質の差もあるとした

快楽を求める利己心だけでなく，利他心をも満足させるような

精神的快楽を重んじた

＝[④　　　　　　　　　]

【ミルの自由論】

自由…人に危害を加えるのでなければ，いかなることもできること

＝[⑤　　　　　　　　]

→個人の自由や個性の進展が社会の幸福である

>>> [④]
ミルは[④]を「満足した豚より不満足な人間のほうがよく，満足した愚か者よりも不満足なソクラテスのほうがよい」と表現した。
（→國p.26人物紹介）

帰結主義と義務論

[⑥　　　　　　　]…正しい行為とは，善い結果を生み出す行為

社会における「最大多数の最大幸福」をめざす考え方

[代表的な考え方]ベンサムやミルの[①]

しばしば対立

[⑦　　　　　　　]…正しい行為とは，守るべき義務に合致する行為

あらゆる人に当てはまる行動原則に従って行動する

[代表的な考え方][⑧　　　　　　]の倫理学

- -

- -

- -

- -

- -

- -

- -

- -

- -

- -

- -

`Check` 資料読解 **教科書p.26「功利主義の考え方」** ベンサムによれば，あらゆる人間を支配しているものは何だろうか。次の文章の〔 ア 〕〜〔 エ 〕に適語を書きなさい。

　　人間は〔ア　　　　　〕を求め〔イ　　　　　　〕を避けようとする。この二つが人間を支配する「二人の主権者」であり，人間がどのような行動を選ぶかを決定するとベンサムは考えた。そして幸福とは〔ウ　　　　　　〕であり，不幸とは〔エ　　　　　　〕である。ベンサムのいう功利性の原理とは，それが人々の幸福を増大させるか減少させるかを，行為の善し悪しを決める基準とする原理である。

Try あなたは，教科書p.27の「トリアージ」の問題をどのように考えますか。意見①と②を参考にしながら，自分の意見をまとめてみよう。

意見①　1人を助けるために9人を犠牲にすることは，最大多数の最大幸福から考えて間違った選択である。まずはその9人を治療すべきである。

意見②　医療の使命とは救命である。この義務に従って考えるのならば，すべての人を等しく治療すべきである。

公正としての正義―ロールズ

功利主義…幸福を正しく分配する原理を欠いている

ロールズの立場…正しい分配のあり方を考える〔①　　　　　　〕としての正義

ロールズの正義論

　公正な分配を実現する正義の原理を唱えた

　…人々が，自分の能力や立場などを知ることができない状態（原初状態）において，合意する原理

　〔②　　　　　　　　　　〕に基づく社会

　…社会生活に必要なもの（自由・機会・所得など）が公正に分配され，

　　平等が実現した社会

機能と潜在能力―セン

・社会生活に必要なものが与えられても，

　それらをいかすことができない人もいる（ロールズ批判）

　→それらを公正に分配するだけでは不十分

・〔③　　　　　　〕…財を利用することで得られる状態や活動

・〔④　　　　　　　　　〕（ケイパビリティ）…選択できる〔③〕が豊富であること

　　　→人々は〔④〕において平等である

　　　　人々の〔④〕を拡大することが福祉の目的

自由主義と共同体主義

自由主義	〔⑤　　　　　　　　　　　〕（自由主義） …自由であることを最も優先させるが，平等にも配慮する …ロールズは〔⑤〕の立場から，不平等是正のための， 　国家による所得の再分配を主張
	〔⑥　　　　　　　　　　　　　〕（自由至上主義） …個人の自由を最大限に尊重する …国家の介入を批判
共同体主義	〔⑦　　　　　　　　　　　　　　〕（共同体主義） …個人の属する共同体がもっている価値観を重視する …サンデルは〔⑦〕の立場から，ロールズの考える「個人」 　を批判

徳倫理学

〔⑧　　　　　　　　　　〕…「人が何であるべきか」を問題とすべきとする立場

　→徳のある行為を繰り返すことで，その人の行為は徳のあるものとなる

　　└→対人関係を前提に人間の徳は形成される

　→多様な道徳的特性から人間をとらえることで，より深い人間理解につながる

>>>〔2〕

(1) すべての人が自由への権利を等しくもつ

(2) ①すべての人に機会が等しく与えられる

②恵まれない人々の境遇の改善をめざす

MEMO

Check 資料読解 1 ロールズとセンの正義のとらえ方をそれぞれ教科書p.29の資料1と2から読み取ってみよう。

2 資料1の下線部に当たる具体的な事例として適当なものを，下の①〜④から選びなさい。

① 累進課税により，より多くの収入を得た者に対してより大きい税率を課す。
② 年金を積立制度とし，積み立てた総額に応じた年金を受け取れるようにする。
③ 能力給により，能力とその功績に応じた賃金を受け取れるようにする。
④ すべての人に最低限度の収入を保障するベーシックインカムの制度を取り入れる。

Active 現実社会には，どのような不公正や不公平な問題があるか，具体例をあげて話しあってみよう。

（自分の考え）

（他の人の考え）

第3章 この章の学習をまとめてみよう。

●現実社会の不正義や不公正の問題を，どのようにとらえていけばよいか，振り返ろう。

●「自由」や「平等」とはどのような状態か，具体的にあげてみよう。

1 人間の尊厳と平等

教科書　p.34〜35

>>> シュヴァイツァー
フランスの神学者，哲学者，医者。アフリカで医療とキリスト教伝道に従事した。すべての命あるものに畏敬の心をもつ「生命への畏敬」を説いた。
（→圏p.34 人物紹介）

>>> ガンディー
インドの独立指導者。すべての生物を同胞とみなして不殺生（アヒンサー）を実践することの必要性と非暴力主義を説いた。
（→圏p.34 人物紹介）

>>> 〔③〕の原理
日本国憲法第13条では，「すべて国民は，個人として尊重される。」と述べられている。（→圏p.35❶）

>>> モンテーニュ
フランスの思想家。16世紀当時の悲惨な宗教戦争を目の当たりにし，このような対立は自己への無反省や相手への非寛容から生まれると考えた。（→圏p.35❷）

人間の尊厳

・人間の〔①　　　　　　〕…他と比較できない価値をもつことのうちにあるもの
　　　　　　　　　　　　　他の目的のための手段とならないもの
・民主社会…人間が一人ひとり尊重され，意見や利害が公平・公正に
　　　　　　調整される社会
　→人間の尊厳と平等の確保→安定した社会の形成

【生命への畏敬と非暴力】
・生命尊重の考え方…生命に優劣はない
　　　　　　　　　　生命の尊重なくして人間の〔①〕は成立しない
　→暴力の否定…暴力を否定する社会を作り出し，維持する必要

人間の平等と個人の尊重

人間の〔②　　　　　　〕…すべての人間が等しい扱いを受けること
　→〔③　　　　　　　　〕の原理により支えられる

差別と偏見の克服

【差別の対象とされた人々】
　・財産をもたない人，黒人，障害者
　・（近代以降の社会）病気や狂気に陥った者，犯罪者などを
　　反理性的な存在として隔離

【差別が生まれる背景】
　・少数者（〔④　　　　　　　　　　〕）を自分と違う存在とする偏見，自分と
　　違う存在に対する恐怖や憎悪
　・独断や偏見…自分の考え方を絶対的なものと考えると陥る
　　→他者との違いを認め合い共生をめざす〔⑤　　　　　　〕の精神が求められる

男女共同参画社会

・〔⑥　　　　　　　　　　　　　〕の形成がこんにちの課題

【実現するためには何が必要か】
・職場や社会における男女の平等
・固定的な役割分担を改め，〔⑦　　　　　　　　　〕（社会的・文化的に
　作られた性差）にしばられない社会
　　　ボーヴォワール（フランス）による『第二の性』…男性中心主義を批判
・積極的差別是正措置（〔⑧　　　　　　　　　　　　　　〕）の導入
　…〔⑨　　　　　　　〕（割当制）の採用など
　　　→職場などでの女性雇用者の割合に一定の数値を設定し，
　　　　実現を義務づける

Check 資料読解 1 **教科書p.34「考える葦」** パスカルによれば，なぜ人間は尊い存在であるとされるのだろうか。最も適当なものを，次の①〜④から選びなさい。

① 人間だけが，自然を支配することができるまでに知性を進化させてきた存在であるから。

② 人間は宇宙が考えるよりも，より多く自分のことを考えることができるから。

③ 人間だけが，自分が宇宙に比べ悲惨であり，か弱い存在であると考えることができるから。

④ 人間は一人ひとりではか弱い存在だが，生まれながらに自然権をもっているから。

2 **教科書p.35「寛容」** ヴォルテールは，他者に対する寛容を人間に割り当てられたものと考えている。では，寛容が人間に割り当てられたのはなぜだろうか。次の文章の〔 ア 〕〜〔 ウ 〕に適語を書きなさい。

　　自分の考え方が常に正しく，絶対的なものと考えてしまうと，人間は〔ア　　　　　　　　〕に陥ってしまい，他人を許すことができなくなる。他人を自分と違う存在であると思い込み，自分と違うありかたをする他人に対して恐怖や憎悪をもつことから，他者に対する〔イ　　　　　〕の感情が生まれる。そのような社会は，互いに互いを傷つけあうような社会だろう。人間は弱く，過ちを犯しやすい。それゆえ，他者との違いを認め合い，互いに支え合い，共生していく社会を形成するためには〔ウ　　　　〕の精神が必要なのである。

Active 現実社会における「許されない差別」の例をあげ，その差別が生じる理由と，それがなぜ問題なのかについて話しあってみよう。

（自分の考え）

（他の人の考え）

>>> 成年後見制度
判断能力が十分でない認知症の高齢者などについて，意思決定を支援する制度。
（→教p.36❶）

権利と自由

・［①　　　　　　］…ある人が別の人に対して有する法的な地位

例）AがBとの間で自分の自転車を1万円で譲る約束をした場合

1万円の支払いを求める［①　　　］

Ⓐ ———————————————————→ Ⓑ

1万円を支払う［②　　　　　　　　　］

＊［①］と［②］は表裏一体の関係にある

・［③　　　　　　］…他者からの制約を受けず，自らの意志で行動できること

→他者の［③］や［①］を侵害してはならない

国家と自由権

［③］権…個人が［③］の行使について，国家から干渉されない権利

［③］権の保護＝近代民主政治の目的

・自由や権利を「不断の努力」によって保持しなければならない（第12条）

【日本国憲法における国民の義務】

［④　　　　　　　　　　　　　　　　　　　　　　　　　］（第26条）

［⑤　　　　　　　　　　　］（第27条）

［⑥　　　　　　　　　　　］（第30条）

世代間の正義

・将来の人々の福祉のために，現在の人々の自由や権利を制約できるか

→［⑦　　　　　　　　　　　］の観点から議論されている

MEMO

Try　1将来の人々に影響を与える問題には，何があるか，教科書から探してみよう。また，どうすれば将来の人々の利益も考慮した意思決定ができるのか，考えてみよう。

2 あなたは，教科書p.37の事例をどのように調整すべきだと考えますか。表現の自由の保障（教科書p.58）やプライバシーの権利（教科書p.65）の意義を確認したうえで，自分の意見をまとめてみよう。

第4章 この章の学習をまとめてみよう。

● 「自由」や「平等」について，自分の見方・考え方で変化したことや気づいたことをまとめよう。

Active 男女共同参画社会を実現するには

教科書 p.38

問 男女共同参画社会を形成するための積極的差別是正措置（ポジティブ・アクション）に当たる取り組みとして適当なものを，次の①〜④のうちからすべて選びなさい。

① 企業の採用試験を，男女を区別することなく実施する。
② 全雇用者における女性雇用者の割合に一定の数値を設定し，その実現をめざす。
③ 極端に女性社員が少なかったので，社員募集に当たって女性に有利になるように取り扱う。
④ 女性の労働者の負担を減らすために，昇進・昇格試験の受験を男性労働者のみに限定する。

Trial 社会が成り立つためには

教科書 p.39

Try Aの提案にBが拒否できないというルールにしたら，どのような結果になるか。教科書p.39の最後通牒ゲームを隣の人と実際にやってみよう。

●民主主義(民主政治)について，知っていることを具体的に書いてみよう。

1 民主政治の成立

教科書　p.40〜41

》》国家
国家は，①領域，②国民，③主権の三つの要素からなる。主権には，国家の政治のあり方を最終的に決定する力をもつという対内的側面と，ほかのいかなる力からも独立しているという対外的側面がある。
(→國p.40＊1)

私たちと政治

政治…集団のなかで生じた対立を調整しながら，集団の目的を実現していく営み

　　　↓　(調整ができない場合)

　　強制力＝[①　　　　　　　　　]を用いて共通の利益の実現をはかる

国家・政府・公共

国家…政治がおこなわれる最も重要な場

　　　…領域のもとにある国民や団体を，[②　　　　　　　]で統制

　　　[②]の例…法を定める，外交をおこなう，治安の維持，徴税など

　　　→国家の政治のあり方は私たちの生活に重大な影響を与える

政府…[②]の行使に関する意思決定や執行に当たる機関の総称

公共…議論を通じて意見や利害の対立を調停し，相互の協同を通じて，

　　　共通の利益を実現すること

　　　→人々が自由かつ平等に意見交換できる[③　　　　　　]が必要

民主政治の誕生

》》[④]
[④]は絶対君主制とも呼ばれ，近代国家の形成や商工業の発展に一定の役割を果たした側面もあったが，一方では，強大な権力を一手に握る国王による絶対主義的な独裁政治(恣意的な逮捕・裁判や課税など)がおこなわれ，商工業を営む市民の自由な経済活動も制約された。(→國p.40❶)

【成立】

近代初頭のヨーロッパ

　国王の権力は絶対的な最高権力とされた＝[④　　　　　　](絶対君主制)

　⇑　　　└→　　　神から与えられたもの＝[⑤　　　　　　　　]

　[⑥　　　　　　　]

　　…商工業の発達にともない勢力を強めた市民階級

　　＝[⑦　　　　　　　　　　]が[④]を倒し，自らが権力をにぎった

　[[⑥]の例]

1642年	イギリス　ピューリタン革命(〜1649年)
1688年	イギリス　名誉革命
1775年	アメリカ　アメリカ独立戦争(〜1783年)
1789年	フランス　フランス革命(〜1799年)

【近代民主政治の基本原理】

[⑧　　　　　　　　　　　]

　…国民の基本的人権を保障するために政治をおこなう

[⑨　　　　　　　]

　…政治のあり方の最終決定権力は国民にある

[⑩　　　　　　　]

　…政治権力を立法権・行政権・司法権に分け，相互の抑制と均衡により，権

　　力の濫用を防ぐ

Check 資料読解 A：アメリカ独立宣言(1776年)とB：フランス人権宣言(1789年)で主張されている次のア〜オの権利と最も関連が深い日本国憲法の権利を，下の①〜⑦のうちからそれぞれ選びなさい。

ア 「すべての人は平等に造られ，」(**A**)

イ 「造物主によって一定の奪うことのできない権利を与えられ，そのなかには生命，自由および幸福の追求が含まれる。」(**A**)

ウ 「人は，自由かつ権利において平等なものとして出生し，かつ生存する。」(**B**第1条)

エ 「あらゆる政治的団結の目的は，人の消滅することのない自然権を保全することである。」(**B**第2条)

オ 「あらゆる主権の原理は，本質的に国民に存する。」(**B**第3条)

① 国民主権(第1条)

② 思想・良心の自由(第19条)

③ 信教の自由(第20条)

④ 幸福追求権(第13条)

⑤ 集会・結社の自由(第21条①)

⑥ 労働三権(第28条)

⑦ 法の下の平等(第14条①)

ア ☐ イ ☐ ウ ☐ エ ☐ オ ☐

Try 政治とはどのような営みか，教科書p.40の本文を参考にして，次の文章の〔 ア 〕〜〔 ウ 〕に「対立」「権力」「共通の利益」という語句を入れて説明してみよう。

私たちはさまざまな集団のなかで生活しているが，個人と個人の間で〔ア　　　　〕が生じることもある。この〔 ア 〕を調整するために，〔イ　　　　〕という強制力を用いて，集団の目的，つまり〔ウ　　　　　　〕を実現していく営みが政治である。

〉〉〉啓蒙思想家
［①］を提唱し，市民革命を
理論的に支えることとなっ
た代表的な啓蒙思想家とし
て，ホッブズ（英）・［③］
（英）・ルソー（仏）の3人が
挙げられることが多い。
（→裁p.42資料■・■）

〉〉〉自然法・［②］
人間の本性（自然）に根ざ
し，時代をこえて保障され
るべき普遍的な法を自然法
と呼ぶ。そのため，人の定
める法（実定法）は自然法に
違反することはできないと
された。自然法が保障する
権利を［②］と呼ぶ。
（→裁p.42＊1）

〉〉〉［⑤］
意見や利害，条件（障がい
の有無など）の異なる一人
ひとりの尊厳に対して，平
等に配慮することを意味す
る。日本国憲法はこの考え
方を明示的に採用している
（第13条）。（→裁p.42❶）

基本的人権の確立

［①　　　　　　　　　］…市民革命を理論的に支えたもの

　…［②　　　　　　　　］（生まれながらにもっている権利）を確実に保障する

　　ため，契約を結んで国家を作り，契約に基づいて政府を組織する

【社会契約の考え方】

［③　　　　　　　　］…イギリスの思想家，主著『統治二論』

　　　人々は政府を変更する権利＝［④　　　　　　・　　　　　　　］をもつ

・［⑤　　　　　　　　　　］…社会契約説の根底にある考え方

・生命・自由・財産などの諸権利（自然権）は国家権力も侵すことのできない，

　　人間にとって最も基本的な権利＝［⑥　　　　　　　　　］

自由権から社会権へ

［⑦　　　　　　　］…市民革命で人々が求めたもの

　資本主義の発達 …経済活動の自由や人身の自由といった，国家からの自由

［⑧　　　　　　　　］…貧困や失業などが深刻化するなかで要求が高まる

　…人々の生活と福祉のために国家が積極的に活動することを求める権利

　　＝国家による自由

　…1919年，ドイツの［⑨　　　　　　　　　　　　］ではじめて規定

夜警国家から福祉国家へ

［⑩　　　　　　　　］…［⑦］の保障を中心，任務を国防や治安維持などに限る

［⑪　　　　　　　　］…国民生活の安定と［⑧］の保障を中心に，

　　　　　　　　　　社会問題を財政・経済政策などによって解決しようとする

法の支配と立憲主義

人の支配…権力者の思うままの政治

［⑫　　　　　　　　］…普遍的なルールによっておこなわれる政治

　　　　　　　　　→［⑥］の保障につながる

【［⑫］の考え方】

［⑫］の原理…国王といえども法に従うべき

　　　　　…13世紀イギリスの［⑬　　　　　　　　　　　　］が原型

　　　　　…絶対王政の時期には尊重されなかったが，

　　　　　　市民革命を経てイギリスで確立

「国王といえども，神と法の下にあるべきである」（ブラクトン）

　　…17世紀イギリスの裁判官［⑭　　　　　　　　］が引用

　　…コモン‐ロー（中世以来の慣習法）を重視

【法治主義】

法治主義…法律に基づけば，権力行使の内容は問わない

　　　　　法律の根拠さえあれば，いかなる人権制約でも容認するもの

　　　　　→民主政治にとって大切なのは［⑫］

【立憲主義の考え方】

〔⑮　　　　　　　　　〕…憲法に従って政治をおこなうべきとする考え方

　　　　　　　　　…政府の権力を制約するという社会契約説を，

　　　　　　　　　　現実の政治制度として確立しようとする

MEMO

Check 資料読解 [1]社会契約説を提唱した代表的な啓蒙思想家であるホッブズ(英)・ロック(英)・ルソー(仏)のア：社会契約についての考え方とイ：政治制度に関する考え方に最も近いものを，教科書p.42の資料[2]「社会契約説の比較」を参考にして，下の①～⑥のうちからそれぞれ選びなさい。

① 権利を一時的に政府に信託する。　　　② 直接民主制を主張した。

③ 自然権を放棄し，国王に譲渡する契約を結ぶ。　④ 結果的に絶対王政を擁護する。

⑤ 主権は譲渡も代表することもできない。　⑥ 間接民主制(議会制民主主義)を基礎づけた。

ホッブズ:ア 　　　　　 イ 　　　　　　ロック:ア 　　　　　 イ 　　　　　　ルソー:ア 　　　　　 イ

[2]人の支配と法の支配のそれぞれの時代における法の役割の違いについて，教科書p.43の資料[3]「人の支配と法の支配」を参考にして，次の文章の〔 ア 〕～〔 エ 〕に適語を書きなさい。

　　人の支配の時代においては，〔ア　　　　　　　　　　　　　〕が法を制定し，法は国民に対する権力者の〔イ　　　　　　　　　　〕という役割をもっていた。

　　一方，法の支配の時代になると，国民の代表である〔ウ　　　　　　　〕が法を制定し，法は国民の自由・権利を守るためのルールとして，〔エ　　　　　　　　　　〕の権力を制限する役割をもつようになった。

Try 日本国憲法で保障されている次の①～⑥の権利は，自由権と社会権のどちらに当てはまるか，分類しなさい。

① 教育を受ける権利(第26条)　② 思想・良心の自由(第19条)　③ 財産権の保障(第29条)

④ 拷問・残虐刑の禁止(第36条)　⑤ 生存権(第25条)　⑥ 法定手続きの保障(第31条)

自由権 　　　　　　　　　　　　　　　社会権

国民主権

国民主権の原理…国民が主権をもつ

⬆　　　　　　…政治権力を国民の意思に基づいて組織・運用していく制度

社会契約説の考え方（政府は人民の同意に基づいてのみ成立する）による

〔①　　　　　　　　〕＝民主主義

　…基本的人権の尊重と国民主権に基づいておこなわれる政治

「人民の，人民による，人民のための政治」（リンカーン）

【民主政治の実現】

　国民の〔②　　　　　　　〕の保障

　　はじめは，一定以上の財産をもつ男性のみに〔②〕が与えられていた

　（制限選挙）

⬇

┌──────────────────────────────────┐
│ 　　産業革命以降，労働者などが参政権獲得運動 │
│ 　　例：イギリスの〔③　　　　　　　　　　　〕 │
└──────────────────────────────────┘

⬇

すべての成人に〔②〕を保障＝〔④　　　　　　　　〕

議会制民主主義

〔⑤　　　　　　　　〕

　…市民が集会において直接投票し，決定をおこなうしくみ

　…民主政治としては理想的だが，規模が大きくなると実施が困難

〔⑥　　　　　　　　　　　〕＝間接民主制

　…国民のなかから選ばれた代表で組織された議会が，意思決定をおこなう

　…国民は間接的に主権を行使する

多数者の支配と少数者の権利

・国民の総意に基づくのが国民主権の原則

・しかし全員の意見の一致は容易ではない

⬇

〔⑦　　　　　　　　〕…多数者の意見を全体の意思とする

〔**注意点**〕…多数者の意見が常に正しいとは限らない

　　　　　　　→十分な討論や説得によって合意を作る努力や，

　　　　　　　〔⑧　　　　　　　　　　〕などが必要

大衆民主主義…参政権の拡大によって，エリートだけではなく大衆も参加する政治

　　　　　　…議会が「無知な大衆」に支配され，個人の自由が侵害される

　　　　　　（多数者の専制）

┌──────────────────────────────────┐
│ 〔⑨　　　　　　　　〕…大衆の支持に基づく独裁政治 │
│ 　　　　　　　　　…イタリアのファシスト，ドイツのナチスなど │
│ 　　　　　　　　　…日本の第二次世界大戦中の軍国主義も同じ性質 │
└──────────────────────────────────┘

≫≫「人民の，人民による，人民のための政治」
1863年に，アメリカの第16代大統領リンカーン（1809〜65年）がゲティスバーグの演説で述べた言葉。国民主権に基づく〔①〕の特質をよくあらわしている。（→国p.44＊1・左上絵）

≫≫〔③〕
イギリスのロンドン労働者協会が「人民憲章」（1838年）を発表し，普通選挙の実現を求めて，大規模な政治運動をおこなった。（→国p.44＊2）

● 権力分立

国家権力が特定の機関に集中すると，国民の意思に反するおそれがある

　→国家権力の集中・独占を排除し，市民の自由と人権を擁護する

[⑩　　　　　　　　　　　]…フランスの思想家

　　　　　…権力相互の[⑪　　　　　　　　　　]によって，
　　　　　専制的支配を防ぐことを主張

⟩⟩⟩『法の精神』
1748年に[⑩]が著したもの。その中で，国家権力を立法権・執行権（行政権）・司法権の三つに分ける三権分立制を初めて提唱した。

MEMO

- -

- -

- -

- -

- -

- -

- -

- -

- -

Check 資料読解　ミルは何を問題にしたのか，教科書p.26およびp.45の本文を読み，次の文章の〔 ア 〕～〔 オ 〕に適語を書きなさい。

　ミルは民主主義において多数者が少数者を抑圧することを「〔ア　　　　　　　　　〕」と呼び，問題とした。民主政治は，多数者の意見を全体の意思とする〔イ　　　　　　　　〕に基づいて運営されるが，多数者の意見が常に正しいとは限らない。

　参政権の拡大によって，一部のエリートだけではなく大衆も政治に参加する〔ウ　　　　　　　　〕が成立すると，議会が「〔エ　　　　　　　　〕」によって支配されて，個人の自由が侵害される「〔 ア 〕」の危険性が高まるとするミルは，〔オ　　　　　　　　　　　〕の必要性を主張したのである。

Try　なぜ憲法は国の最高法規とされるのか，個人の尊重の観点から教科書p.45の「立憲主義と民主政治」を読み，次の文章の〔 ア 〕～〔 ウ 〕に適語を書きなさい。

　憲法に従って政治をおこなうことを〔ア　　　　　　　〕というが，〔 ア 〕にはそれ以上の内容が含まれ，その内容とは，〔イ　　　　　　　〕である。民主主義のもとでも，政府による人権侵害の可能性は残るし，多数者の専制がおこなわれる危険性もある。そこで，〔ウ　　　　　〕の人権は多数決によっても侵害しえないという考え方が生まれた。

　これこそが〔 ア 〕であり，その目的は〔 ウ 〕を尊重することにある。そのため，〔 ア 〕を具体化する憲法によって〔 イ 〕がおこなわれる必要があるのである。

イギリスの政治制度

・〔①　　　　　　　　　　　〕…憲法に従っておこなわれる君主制

　…君主の権力は議会の統制のもとにおかれる

　…国王は国の元首だが，統治権をもたない

　　→「国王は君臨すれども統治せず」

・〔②　　　　　　　　　〕

　…内閣は国民の代表である議会（下院）の信任に基づいて成立する

・**二院制**（両院制）…民選の下院（庶民院）と非民選の上院（貴族院）が存在する

　　　　　　　　…下院優位の原則がとられている

・首相の選出…下院（庶民院）で多数を占める政党の党首が首相に選出される

　　　　　　…首相によって内閣が組織される

・議会と内閣の関係…下院で内閣の不信任が議決されれば内閣は〔③　　　　　　　〕

　　　　　　　するか，総選挙によって国民の意思を問わなければならない

・下院の二大政党制…野党となった政党は〔④　　　　　　　〕

　　　　　（＝シャドーキャビネット）を組織

・司法との関係…司法は最高裁判所が担うが，立法や行政をチェックする

　　　　　〔⑤　　　　　　　　　〕をもたない

アメリカの政治制度

・〔⑥　　　　　　　　　　〕…行政府の長のリーダーシップを重視する政治体制

・大統領も議会も国民の選挙で選ばれる → 互いに強い独立性をもつ

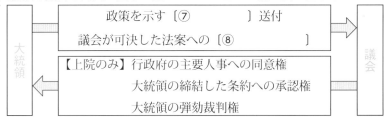

・大統領の法案提出権，議会の解散権なし

・議会による大統領の不信任決議なし

・立法・行政・司法を厳格に分離して抑制・均衡させる制度を採用

・裁判所は立法や行政をチェックする〔⑤〕をもつ

　…強い独立性と抑制機能をもち，アメリカの民主政治で重要な役割を

　　果たしている

中国の政治制度

・人民を代表する〔⑨　　　　　　　　　　　　　〕に権力を集中

・民主的権力集中制を採用 ＝ 権力分立を否定

・政治に対して〔⑩　　　　　　　〕が強力な指導をおこなう

二大政党制

イギリスでは，保守党と労働党による二大政党制が長く展開されてきたが，2010年から2015年の間は，過半数割れとなった第一党の保守党が，自由民主党と連立政権を組むという事態になった。（→圏p.48❶）

アメリカ大統領選挙

大統領は，制度的には国民が大統領選挙人を選ぶ間接選挙で選出されるが，各州の大統領選挙人は州ごとの選挙民の判断に従って投票するので，実質的には，国民が直接選挙するのとかわらない。（→圏p.49＊2）

連邦制

合衆国憲法では，連邦制が定められている。州政府は外交・同盟・関税などを除く行政上の多くの権限をもつ（→圏p.49＊3）

アジアの政治制度

発展途上国では〔⑪   〕や軍部による強権政治

- →1980年代以降, 多くの国で独裁体制が崩壊
- →民主的な大統領制(韓国, フィリピンなど)や
  議院内閣制(タイなど)が定着

〉〉〉〔⑪〕
民主主義を抑圧して国民の政治参加を制限し, 独裁的な統制の下で開発・経済発展を最優先課題として推進する体制。

MEMO

Check 資料読解 ①イギリスとアメリカのそれぞれの立法府と行政府の関係について, 教科書p.48の本文と資料②「イギリスの議院内閣制」・③「アメリカの大統領制」を参考にして, 次の文章の〔ア〕〜〔カ〕に適語を書きなさい。

　　イギリスでは, 内閣は議会(下院)の〔**ア**　　　　〕に基づいて成立し, 〔**ア**〕を失えば,

〔**イ**　　　　　　〕を取って総辞職するか, 総選挙をおこなって国民の意思を問わなければならない。

ちなみに, 2011年の議会任期固定法により, 首相の下院〔**ウ**　　　　〕権は廃止された。

　　一方, アメリカでは, 大統領は連邦議会への法案〔**エ**　　　　〕権や〔**オ**　　　　〕送付権をもち,

議会は大統領〔**カ**　　　　〕権をもっている。

②次の①〜③は, 議院内閣制と大統領制のどちらについて説明したものか, 教科書48・49ページの本文を参考にして, 分類しなさい。

① 最大政党の党首が, 議会で首相に選出される。

② 三権を厳格に分離して抑制・均衡させる政治制度を採用している。

③ 行政府の長のリーダーシップを重視している。

議院内閣制 [　　　　　] 大統領制 [　　　　　]

Try 中国の政治制度と日本の政治制度とはどこが違うのだろうか。教科書p.49の資料④「中国の政治制度」とp.76の資料①「わが国の三権分立」・p.78の資料②「行政機構図」を参考にして, 次の①〜③は, 「中国」と「日本」の政治制度のどちらについて説明したものか, 分類しなさい。

① 国政全体に対して共産党の強力な指導がおこなわれている。

② 立法権・行政権・司法権による三権分立制がとられている。

③ 民主的権力集中制がとられ, 全国人民代表大会が国家の最高機関である。

中国 [　　　　　] 日本 [　　　　　]

第5章　この章の学習をまとめてみよう。

●民主主義(民主政治)をめぐる問題のなかで, わかったことや知りたいこと・疑問に感じることをあげよう。

1 欲求不満が生じたときの対処について，防衛機制「合理化」の例とされる有名な寓話を次に示した。

【防衛機制「 X 」の例】
高い木になっているブドウを見つけて欲しくなり，それを採ろうとするがどうしても採れなかった
キツネが， Y 。

この例では， X に合理化が， Y に「『あのブドウは酸っぱいに違いない』と考える」が挿入さ
れ，寓話が完成する。これを題材に，他の防衛機制の例を示す場合，防衛機制「 X 」と，それに対
応する例に入る記述 Y の組合せとして最も適当なものを，次の①〜⑥のうちから一つ選べ。

(大学入学共通テスト(現代社会)・2021年第1日程)

① X 反動形成 Y 『今はおなかがいっぱいだ』と考える
② X 反動形成 Y 『今日は誰と遊ぼうかな』と考える(ブドウのことを忘れている)
③ X 抑圧 Y ブドウの木に火をつけて燃やしてしまう
④ X 抑圧 Y 『このブドウは僕には食べられるのが嫌なんだ』と考える
⑤ X 置き換え Y ブドウに化けようとする
⑥ X 置き換え Y ブドウではなく大好物のイチジクを採りに行く 〔 〕

2 Kさんは，公共の授業を聞いて自分で作ったカードを眺めていた。それは西洋思想の日本への受容に
ついて考察した思想家の本を読んで印象に残った部分を抜き書きにしたものだった。次のア〜ウはKさ
んが作った福沢諭吉，夏目漱石，中江兆民の著作のカードである。福沢諭吉と中江兆民の著作のカード
の組合せとして最も適当なものを，下の①〜⑥のうちから一つ選べ。

(大学入学共通テスト(現代社会)・2021年第1日程を一部改変)

ア　縦令い恩賜的民権の量如何に寡少なるも，其本質は恢復的民権と少も異ならざるが故に，吾儕
　　人民たる者，善く護持し，善く珍重し，道徳の元気と学術の滋液とを以て之を養うときは，時勢
　　益々進み，世運益々移るに及び，漸次に肥膨と成り，長大と成りて，彼の恢復的の民権と肩を並
　　ぶるに至るは，正に進化の理なり。

イ　……西洋の開化(すなわち一般の開化)は内発的であって，日本の現代の開化は外発的である。
　　ここに内発的というのは内から自然に出て発展するという意味でちょうど花が開くようにおのず
　　から蕾が破れて花弁が外に向うのをいい，また外発的とは外からおっかぶさった他の力で已むを
　　得ず一種の形式を取るのを指した積なのです。

ウ　……学問をするに，いずれも西洋の翻訳書を取調べ，大抵の事は日本の仮名にて用を便じ，或
　　いは年少にして文才ある者へは横文字をも読ませ，一科一学も実事を押え，その事に就きその物
　　に従い，近く物事の道理を求めて今日の用を達すべきなり。右は人間普通の実学にて，人たる者
　　は貴賎上下の区別なく皆悉くたしなむべき心得なれば，この心得ありて後に士農工商各々その分
　　を尽し銘々の家業を営み，身も独立し家も独立し天下国家も独立すべきなり。

① 福沢諭吉ーア 中江兆民ーイ ② 福沢諭吉ーア 中江兆民ーウ
③ 福沢諭吉ーイ 中江兆民ーア ④ 福沢諭吉ーイ 中江兆民ーウ
⑤ 福沢諭吉ーウ 中江兆民ーア ⑥ 福沢諭吉ーウ 中江兆民ーイ 〔 〕

3 Kさんは，授業ノートをカードにまとめる作業を始めた。

> カードⅠ：授業で習った三権分立のまとめ
>
> ア　国家権力を立法権，行政権（執行権），司法権（裁判権）に分ける。
>
> イ　それら三つの権力を，それぞれ，議会，内閣（または大統領），裁判所といった常設の機関が担う。
>
> ウ　三つの権力間で相互に，構成員の任命や罷免などを通じて，抑制・均衡を図る。

　すると，2のカードを見た大学生の兄が「中江兆民はフランスに留学して，帰国後はルソーやモンテスキューの思想を紹介したんだよ」と言って法思想史の講義のプリントを貸してくれた。Kさんはそれを読んで，モンテスキューが『法の精神』において展開した権力分立論に興味をもち，その特徴をカードⅡにまとめた。

> カードⅡ：モンテスキューの権力分立論の特徴
>
> (1)　国家権力を立法権と執行権とに分けるだけでなく，執行権から，犯罪や個人間の紛争を裁く権力を裁判権として区別・分離する。
>
> (2)　立法権は貴族の議会と平民の議会が担い，執行権は君主が担う。裁判権は，常設の機関に担わせてはならない。職業的裁判官ではなく，一定の手続でその都度選択された人々が裁判を行う。
>
> (3)　立法権や執行権は，裁判権に対して，その構成員の任命や罷免を通じた介入をしないこととする。

　Kさんは，カードⅠ中の記述ア〜ウの内容をカードⅡ中の記述(1)〜(3)の内容に照らし合わせてみた。そのうち，アは，国家権力を立法権，行政権（執行権），司法権（裁判権）の三権に分けるという内容面で，(1)に合致していると考えた。続けて，イを(2)と，ウを(3)と照らし合わせ，三権の分立のあり方に関する内容が合致しているか否かを検討した。合致していると考えられる記述の組合せとして最も適当なものを，次の①〜④のうちから一つ選べ。

（大学入学共通テスト（現代社会）・2021 年第 1 日程を一部改変）

①　イと(2)，ウと(3)　　　　　　　②　イと(2)

③　ウと(3)　　　　　　　　　　　　④　合致しているものはない　　　　　　　[　　　　]

4 プリントには，モンテスキューが影響を受けたイギリスのロックが『統治二論』で展開した権力分立論についても書かれていた。Kさんは「モンテスキューとロックの権力分立の考えを照らし合わせてみよう」と思い，ロックの考えの特徴をカードⅢにまとめた。その上で，現代の政治体制について調べて，考察を加えた。3のカードⅡと比較した場合のカードⅢの特徴や，政治体制に関する記述ＡとＢの正誤の組合せとして最も適当なものを，下の①〜④のうちから一つ選べ。

（大学入学共通テスト（現代社会）・2021 年第 1 日程を一部改変）

> カードⅢ：ロックの権力分立論の特徴
>
> ・　国家権力を，立法権と執行権とに区別・分離する。
>
> ・　立法権は，議会が担う。
>
> ・　執行権は，議会の定める法律に従わなければならない。（ただし，執行権のうち，外交と国防に関するものについては，法律によらずに決定できる。）

　Ａ　ロックの権力分立論は，モンテスキューと同様の観点から国家権力を三つに区別・分離するものであるといえる。

　Ｂ　共産党の指導の下にある中国の権力集中制は，カードⅢにまとめられている国家権力のあり方と合致する。

①　Ａ―正　Ｂ―正　　②　Ａ―正　Ｂ―誤　　③　Ａ―誤　Ｂ―正　　④　Ａ―誤　Ｂ―誤

[　　　　]

●憲法は一般の法律と何が違うのか考えてみよう。

1 日本国憲法の成立

教科書　p.54～55

[①]と民定憲法
大日本帝国憲法のように, 君主主権の原理に基づき, 君主が制定した憲法を[①]と呼ぶ。一方, 日本国憲法のように, 国民主権の原理に基づき, 国民が制定した憲法を民定憲法と呼ぶ。
(→ 図p.54＊1)

本来の立憲主義
憲法の制定によって国家権力を制限し, 国民の自由・権利を保障することが目的とされる。

[⑤]
民本主義を提唱した吉野作造や, 天皇機関説を提唱した美濃部達吉らが指導的役割を果たした。

明治憲法下の政治

【大日本帝国憲法の特徴】

・[①　　　　　　　　　]…天皇が定める憲法

・主権は[②　　　　　　]がもつ

・[③　　　　　　　　　]
　　…軍隊の指揮命令権は, 議会や内閣も関与できない天皇の大権である

・国民の権利…「[④　　　　　　　　]」として,
　　　　　　「法律ノ範囲内」で認められる(法律の留保)
　　　　　　…基本的人権として保障されるものではない
＝外見的立憲主義…実質的には立憲主義でなく, 絶対主義的な色彩が濃い

【大正時代の出来事】

自由主義的・民主主義的な傾向＝[⑤　　　　　　　　　　　]

・政党内閣がうまれる

・[⑥　　　　　　　　　　](1925年)
　　→同時に[⑦　　　　　　　　]が制定された
　　　　…社会主義運動, 労働運動などを弾圧

【昭和時代の出来事】

　軍部による政治介入。満州事変が起こり, 太平洋戦争につき進んだ

さまざまな憲法改正案
政府の動きとは別に, 個人・団体・政党による憲法改正案作成の動きがあった。とくに, 憲法研究会の改正案は, GHQからも高い評価を受け, [⑪]作成の際の参考にされたと言われている。
(→ 図p.55❸)

初の男女普通選挙
1945年12月の選挙法改正に基づき, 翌1946年4月に満20歳以上の男女による初の衆議院議員総選挙が実施され, 39名の女性議員が誕生した。
(→ 図p.55資料❹)

日本国憲法の成立

1945年8月14日	[⑧　　　　　　　　] 受諾 …日本が受け入れて降伏した占領政策の基本 …日本の武装解除と民主化を進める指針となった
10月11日	連合国軍総司令部（GHQ）の最高司令官である [⑨　　　　　　　　] が憲法改正を示唆
1946年2月8日	日本政府が憲法改正案＝[⑩　　　　　]を作成, GHQに提出
2月13日	GHQ, [⑩]を拒否 →憲法草案＝[⑪　　　　　　　　　]を作成し, 政府に交付
3月6日	日本政府, [⑪]をもとにした政府案を発表
6月20日	憲法改正案が帝国議会に提出される(10月7日に修正可決)
11月3日	日本国憲法 公布
1947年5月3日	日本国憲法 施行

Check 資料読解　①教科書p.54の資料**1**「明治憲法下の統治機構」とp.76の資料**1**「わが国の三権分立」を参照して，大日本帝国憲法（明治憲法）下と日本国憲法下での国民の立場を，それぞれ書きなさい。

大日本帝国憲法 ☐　　　日本国憲法 ☐

②次の①〜⑧は，大日本帝国憲法と日本国憲法のどちらについて説明したものか，教科書p.55の資料**3**「日本国憲法と大日本帝国憲法の比較」を参考にして，分類しなさい。

①　恒久平和主義に立っている。
②　国会は国権の最高機関である。
③　天皇は元首として統治権を総攬する。
④　臣民としての権利が法律の範囲内で保障されている。
⑤　天皇は国政に関する権能はもたない。
⑥　永久不可侵の基本的人権が国民に保障されている。
⑦　統帥権の独立が確立している。
⑧　議会は天皇の立法権に協賛する機関である。

大日本帝国憲法 ☐　　　日本国憲法 ☐

Try　大日本帝国憲法が外見的立憲主義とされる理由について，教科書p.54の本文とp.45の「立憲主義と民主政治」を参考にして，次の文章の〔ア〕〜〔オ〕に適語を書きなさい。

　本来の立憲主義とは，単に憲法に従って政治をおこなうことだけではなく，〔ア　　　　　　　〕の制限によって〔イ　　　　〕の権利を保障することこそが，真の目的である。
　ところが明治憲法は，主権者とされた〔ウ　　　　　〕が数々の強大な権限をもつ一方，〔イ〕の権利は「〔エ　　　　　　〕」として「〔オ　　　　〕ノ範囲内」で認められるに過ぎず，基本的人権として保障されるものではなかった。このように，明治憲法は実質的には絶対主義的な色彩の濃いものであった。

2 日本国憲法の基本的性格

教科書　p.56〜57

>>>日本国憲法の三大基本原理
憲法の骨格をなす三つの基本原理。これを変更することは，改正の限界をこえるものであり，許されないとされる。

日本国憲法の基本原理

【三大基本原理】

❶〔①　　　　　　　　　〕

…憲法前文に明示

…「ここに主権が国民に存することを宣言」

〔②　　　　　　　　〕

…天皇の地位は「主権の存する日本国民の総意」にもとづく（第1条）

…天皇は〔③　　　　　　　　〕のみをおこない，

政治的な権能は一切もたない

>>>〔③　　　〕
内閣の助言と承認によりおこなう形式的・儀礼的な行為の総称。
（→國p.56＊1）

❷〔④　　　　　　　　　　〕

…個人の尊重を人権保障の基本原理とする

…「侵すことのできない永久の権利」として保障

・詳細な人身の自由の規定

・平等権の規定

→明治憲法下で人権が侵害された経験を踏まえて厳格に規定

>>>人権の永久不可侵性
大日本帝国憲法下では，「臣民の権利」が「法律の範囲内」で認められていたに過ぎなかった。（法律の留保）

❸〔⑤　　　　　　　〕

…恒久平和主義を採用

第9条第1項　〔⑥　　　　　〕の放棄

第9条第2項　戦力不保持と国の〔⑦　　　　　　〕の否認

前文　全世界の国民の〔⑧　　　　　　　　　　〕を保障

最高法規性

憲法は国の〔⑨　　　　　　　　〕とされる

＝憲法に違反する法律などは無効

憲法が基本的人権を保障するための法であるからこそ最高法規である

〔⑩　　　　　　　　　　〕

…天皇および国務大臣，国会議員，裁判官その他の公務員が負う

＊〔⑪　　　　　　〕がその義務を負っているわけではない

憲法改正

【日本国憲法の性質】

憲法の改正は厳格な手続きが定められている＝〔⑫　　　　　　　　〕

【改正手続き】

・〔⑬　　　　　　　〕が発議して（各議院の総議員の3分の2以上の賛成），

〔⑭　　　　　　　　　〕で過半数の賛成

・これまで1度も明文改正されたことはない

>>>解釈改憲
明文改正の手続きをとらず，憲法解釈の変更によって，憲法の内容を実質的に変更するやり方を批判する際，解釈改憲という言葉が使われる。（→國p.57❷）

>>>国民投票法
日本国憲法の改正手続きを具体的に定めたのが，「日本国憲法の改正手続に関する法律（国民投票法）」（2007年公布，2010年施行）である。
（→國p.57＊2）

Check 　1日本国憲法の改正に必要な手続きについて，憲法第96条①を参照して，次の文章の〔 ア 〕〜〔 オ 〕に適語を書きなさい。

「この憲法の改正は，各議院の〔ア　　　　　　〕の〔イ　　　　　　〕以上の賛成で，国会が，これを〔ウ　　　　　〕し，国民に提案してその承認を経なければならない。この承認には，特別の〔エ　　　　　　　〕又は国会の定める選挙の際行はれる投票において，その〔オ　　　　　　〕の賛成を必要とする。」

2憲法改正に国民投票が必要とされる理由として適当なものを，次の①〜③のうちからすべて選びなさい。

① 天皇の名による公布を認めるために必要である。
② 最高法規である憲法と通常の法律の改正手続きは，同じであってはならない。
③ 国民投票によって主権者国民の意思を問う必要がある。

Try　なぜ憲法は国の最高法規とされるのか，立憲主義の観点から教科書p.45の「立憲主義と民主政治」を読み，内容をまとめなさい。

自由権の保障

〔①　　　　　　　　　〕…他人の自由や権利を侵さない限り，国家からの干渉を受け
　　　　　　　　　　　　ずに自由に行動できる権利

　　　　　　　　　　…自由権を保障することは個人の尊重と深くかかわる

精神の自由

❶〔②　　　　　　　　　　　　〕…心のなかで考えることの自由

　[判例]三菱樹脂訴訟…思想・良心の自由と，企業の雇用の自由の対立

　　　　→憲法の人権保障は企業などの私人に直接適用されない

❷〔③　　　　　　　　　　　〕…信仰の自由，宗教的行為の自由，宗教的結社の自由

　〔④　　　　　　　　　　　　　〕…国家と宗教の結びつきを否定

　　…明治憲法下で，国民の信教の自由が著しく制約されたことの反省による

　　[判例]津地鎮祭訴訟，愛媛玉ぐし料訴訟，空知太神社訴訟

　　　　…公金支出や市有地提供が特定の宗教に対する援助にあたるか

❸〔⑤　　　　　　　　　　　〕…集会，結社，言論，出版などの自由

　　…人々が自由に意見を述べ議論することは民主主義の基礎であり，

　　　とくに重要とされる → 制限は必要最小限度でなければならない

　　　＊憲法は検閲を絶対的に禁止している

❹〔⑥　　　　　　　　　　　〕…学問研究，研究発表，教授の自由

　　＊明治憲法下で学問への弾圧がおこなわれたことへの反省による

人身の自由

〔⑦　　　　　　　　　　　　〕…不当な身柄の拘束や刑罰を行使されない権利

　※明治憲法下では拷問による自白の強要などがおこなわれた反省から，

　　人身の自由を詳細に規定

【自由を守るための規定】

〔⑧　　　　　　　　　　〕

　…どのような行為が犯罪となり，どのような刑罰が科されるのかを，

　　事前に明確に法律で定めておかなければならない

〔⑨　　　　　　　　　　　　　〕

　…刑罰を科すには，法の定める適正な手続きによらなければならない

　　→冤罪(無実の罪)を防ぐために，厳格な規定の適用が必要

経済活動の自由

・〔⑩　　　　　　　　　〕の自由 ｝

・〔⑪　　　　　　　　　〕の保障 ｝

資本主義の発達を，法の側面から支える

⬇

無制限の自由が，貧富の差や社会的な不公正を生じさせた

⬅

〔⑫　　　　　　　　　　　〕
による制限

⬆

＊経済活動の自由は，経済的弱者保護などの政策的な目的のために制限を受け
　る

》》靖国神社参拝問題
一宗教法人である靖国神社への内閣総理大臣の公的な資格での参拝は，政教分離違反の疑いがある。
(→國p.58＊1)

》》検閲
検閲とは，国が表現物の内容を事前に審査し，不適当と認めるものの発表を禁止する制度。(→國p.59❶)

》》〔⑦〕の種類
奴隷的拘束や苦役からの自由，拷問や残虐刑の禁止，不当な逮捕・抑留・住居侵入・捜索などからの自由などがある。

》》死刑をめぐる議論
最高裁は1948年に死刑は残虐刑に当たらないという合憲判決を出し，日本では死刑制度が定着している。しかし，国際的には1989年に死刑廃止条約が国連総会で採択され，廃止の流れが強まっている。
(→國p.59❷)

》》冤罪からの救済
判決確定後の裁判を改めてやり直す，再審という制度がある。

Opinion 　①次の①～⑥は，死刑制度に対する存続論と廃止論のどちらの根拠となるか，分類しなさい。

①　被害を受けた人やその家族の気持ちがおさまらない。

②　裁判に誤りがあったとき，死刑にしてしまうと取り返しがつかない。

③　死刑を廃止すれば凶悪な犯罪が増える。

④　凶悪な犯罪は命で償うべきだ。

⑤　生かしておいて罪の償いをさせたほうがよい。

⑥　死刑を廃止しても，そのために凶悪な犯罪が増加するとは思わない。

存続論 [　　　　　　]　　　廃止論 [　　　　　　]

②死刑制度を存続すべきか，廃止すべきか，あなたはどう考えますか。下のA～Cの観点を参考にしながら，その理由も簡単にまとめなさい。

＜観点＞

A　個人や社会の幸福になるか。

B　国が人の命を奪うことは正義にかなうか。

C　極刑という考え方は人間の尊厳に反しないか。

存続すべき　／　廃止すべき

＜理由＞

平等権の保障

[① 　　　　　　　　]…個人として尊重される権利

　　　　　　　　　　…自由権と並んで，近代市民社会では不可欠の基本的人権

【平等の観点】

・[② 　　　　　　　　　　]

　　…人種・信条・性別・社会的身分・門地によって差別されない

　　[判例]婚外子相続格差規定訴訟…相続における差別に関する訴訟

　　　　　　　　　　　→民法の規定を違憲と判断(最高裁)

・家族生活における男女の平等，選挙における平等，

　[③ 　　　　　　　]の機会均等

社会のなかのさまざまな差別

❶女性差別

1985年	女性差別撤廃条約の批准にともない， [④ 　　　　　　　　　　　　]の制定 　　　→職場の男女差別をなくし，職業上の男女平等の実現をめざす
1991年	育児休業法の制定
1999年	[⑤ 　　　　　　　　　　　　　　]の制定

　[判例]男女昇格差別訴訟…昇進について性別による差別措置は違法か

　　　　　　　　　　→男性優遇の人事は違法

　＊[⑥ 　　　　　　　　　](性差)に基づく男女の固定的な役割分担や差別は，
　　完全には解消されていない

❷部落差別

1922年	「[⑦ 　　　　　　　　　]」結成
1965年	政府が同和対策審議会答申を発表

　＊こんにちでも職業，居住，結婚などさまざまな面で差別が見られる

❸民族差別・外国人差別

(アイヌの人々に対して)

近世以降	迫害・差別や同化の強制
1899年	北海道旧土人保護法の制定
1997年	[⑧ 　　　　　　　　　　] 制定 　　…先住民族としての権利は明記せず
2007年	「先住民族の権利に関する国連宣言」採択（国連総会）
2008年	「アイヌ民族を先住民族とすることを求める決議」採択 （日本の国会）
2019年	[⑨ 　　　　　　　　　　] 制定 　　…法律としてはじめて先住民族として明記

>>>門地
家柄，家の格のこと。

>>>婚外子相続格差規定訴訟
婚外子(婚姻外で生まれた子。非嫡出子)の法定相続分を嫡出子の半分と定めていた民法の規定は，憲法第14条で保障されている[②]の原則に反すると，2013年に最高裁が判決を下した。(→圏p.60判例①)

>>>[⑥]
「男は仕事，女は家事・育児」といった固定的な性的役割分業など，社会的・文化的に作られた性差のこと。

>>>選択的夫婦別姓制度
現在の民法は，夫婦同姓だけを定めているが，現実には，結婚に際して女性が男性の姓に改める割合が大多数を占めている。しかし，結婚にともなって改姓すると，男女を問わず職業上不利益を受けるという声が強まっており，夫婦別姓を可能とする民法改正を求める声がある。(→圏p.60❶)

>>>被差別部落
江戸時代の「えた」「ひにん」など，賤民身分(制度上作られた，通常の民衆よりも低い身分)として差別された人たちが集住させられた地区。(→圏p.61❷)

（定住外国人に対して）

とくに在日韓国人・朝鮮人などに対する差別

…指紋押捺の強制の廃止など一定の改善もみられるが，

　多くの課題が残されている

＊定住外国人に〔⑩　　　　　　　〕を認める動きがある

❹障がい者差別

　1993年　〔⑪　　　　　　　　　　〕の制定

　　　　　…障がい者の自立と社会参加の支援をはかる

　　　　　※就職などにおける差別は，なお解消されていない

MEMO

Check 資料読解　教科書p.60の資料**1**「職場の女性比率の国際比較」　女性管理職の割合は欧米諸国に比べて際立って低いことが分かる。これを増やすにはどのような方策が必要か，教科書p.35の「男女共同参画社会」および「機会の平等か結果の平等か」とp.38の Active① を参考にして，次の文章の〔　ア　〕～〔　エ　〕に適語を書きなさい。

　　日本の女性には機会の平等は保障されていても〔ア　　　　　　　　〕が十分には実現されておらず，また女性への直接差別は禁止されていても〔イ　　　　　　　〕は事実上根強く残っている。

　　こうした状況の中で女性管理職の割合を増やすには，〔ウ　　　　　　　　　　　〕の導入が必要であり，その一つとして，女性管理職の割合に一定の数値を設定し，その実現を義務づける〔エ　　　　　　　　　　〕の採用が有効な方策となり得る。

Try　差別を解消するべき理由を，教科書p.60の本文を参考にして，次の文章の〔　ア　〕・〔　イ　〕に「人間の尊厳」「個人の尊重」という語句を入れて説明してみよう。

　　個人はみな人間として平等であるという考え方は，一人ひとりを等しく尊重する〔ア　　　　　　　　〕の原理（日本国憲法第13条）から導き出される。〔イ　　　　　　　　〕を守るため，平等権は，自由権と並んで近代市民社会では欠かすことのできない基本的人権である。

社会権とは

[①　　　　　　　]…人間らしい生活を求める権利

　　　　　　　　　…国に対して積極的な施策を要求する権利

生存権

[②　　　　　　　]…すべての国民に保障された，「健康で文化的な最低限度の
　　　　　　　　　生活を営む権利」(第25条1項)

　　　　　　　　　…国に対して，社会保障政策を積極的に推進すべきことを
　　　　　　　　　義務づける(第25条2項)

【憲法第25条をめぐる2つの考え方】

・[③　　　　　　　　　　]

　　…第25条は法的な権利を定めたもの → 憲法に基づいて裁判で主張できる

・[④　　　　　　　　　　　　]

　　…第25条は国の政策上の指針であって，個々の国民に具体的権利を
　　　与えたものではない

　　　→最高裁判所は，[⑤　　　　　　　　　]などで[④]を採用

[判例][⑤]，堀木訴訟…生存権と社会保障の関係について争われた

教育を受ける権利

❶教育の機会均等

　…「すべて国民は，法律の定めるところにより，その能力に応じて，等しく
　　[⑥　　　　　　　　　　　　　　]を有する」(第26条1項)

❷義務教育の無償…教育を受ける権利の最低限度の保障(第26条2項)

労働基本権

使用者に対して弱い立場である労働者の権利を認め，人間らしい生活を保障

　労働基本権…[⑦　　　　　　　　]，

　　労働三権＝[⑧　　　　　　　・　　　　　　・　　　　　　]

　労働三法…[⑨　　　　　　　　　]，労働組合法，労働関係調整法

　※公務員は，ストライキの禁止など労働三権が制限されている問題も

参政権・請求権

[⑩　　　　　　　]…主権者である国民が政治に参加する権利

[間接民主制のもとでの権利]

・[⑪　　　　　　　]の選定・罷免権，普通選挙・平等選挙・投票の秘密の保障

[直接民主制的な権利]

・最高裁判所裁判官の[⑫　　　　　　　　]

・地方特別法の[⑬　　　　　　　]，憲法改正の[⑭　　　　　　　　]

[⑮　　　　　　　]…基本的人権を保障するため，国家に積極的な行為を求める権利

・[⑯　　　　　　]…国民が国や地方公共団体に対して希望を述べる権利

・[⑰　　　　　　　]請求権…公務員の不法行為で損害を受けた場合に賠償
　　　　　　　　　　　　　　を求めることができる権利

>>>【⑤】
重症の結核で入院していた朝日茂さんが，兄からの仕送りを理由に生活扶助の打ち切りなどの処分を受け，生活保護基準が「健康で文化的な最低限度の生活」の保障には不十分で，憲法第25条に違反すると争った訴訟。(→圏p.63判例①)

>>>**堀木訴訟**
障害福祉年金と児童扶養手当の併給禁止規定は違憲であると訴えた訴訟。1982年の最高裁判決は，国会の裁量の範囲内であるとして，違憲性の主張を退けた。(→圏p.63判例②)

>>>**学習権**
教育を受ける権利の基礎には，人は教育を受けることで学習し，成長・発達していく固有の権利(学習権)を有する，という理念があるとされる。(→圏p.62＊1)

>>>**労働三権と労働三法**
勤労権や労働三権の保障は，労働者と使用者が対等に交渉できるようにしているが，それを具体的に保障するため労働三法が制定されている。

・裁判を受ける権利…裁判所で裁判を受ける権利

・[⑱   ]請求権…拘禁などされたのち無罪の裁判を受けた
　　　　　　　　　　　　　　場合に補償を求めることができる権利

MEMO

Check　教科書p.63の判例①「朝日訴訟」を読んで，本文も参考にしながら，朝日訴訟について説明した文として適当なものを，次の①〜⑤のうちからすべて選びなさい。

① 朝日訴訟は労働三権をめぐって争われた。

② 朝日茂さんは法的権利説に基づいて裁判を闘った。

③ 最高裁判所はプログラム規定説の立場を採用した。

④ 朝日茂さんが最後に勝訴したことで，生活保護基準が大幅に引き上げられた。

⑤ 最高裁判所は，生活保護基準の決定は厚生大臣の裁量には属さないという判決を下した。

Active　すべての人が人間らしい生活を送れるようにするために，国がするべきことは何だろうか，話しあってみよう。

（自分の考え）

（他の人の考え）

6 新しい人権

〉〉〉【①】に関する判例
・大阪空港公害訴訟
・国立マンション訴訟
いずれの裁判でも環境権は認められなかった。
(→圏p.64判例①②)

〉〉〉【③】
国民の[②]は明記されなかった。情報回避の可否を事実上決定するのは行政機関であり,「墨塗り」など,不十分な点も多い
(→圏p.65資料**2**, **3**)

〉〉〉【⑤】
新しい人権の一つとして主張されることがあるが,マス・メディアの報道の自由との関係で,慎重に考えるべきだとの意見もある。
(→圏p.64＊1)

〉〉〉【⑥】に関する判例
・『宴のあと』事件…[⑥]がはじめて認められた
・『石に泳ぐ魚』事件…[⑥]の侵害を理由に,はじめて小説の出版差し止めを認めた。(→圏p.65判例③)

〉〉〉通信傍受法
一定の条件下で,裁判所の令状によって捜査機関が電話やインターネットなどの通信を傍受することを認めた法律。通信の秘密や[⑥]の侵害などの危険性が指摘されている。
(→圏p.65**2**)

環境権

〔①　　　　　　　〕…良好な環境を享受する権利(日照や静穏を確保する権利,文化的な環境や景観を守る権利など)

【主張される理由】・高度経済成長期の公害発生
　　→損害賠償が認められたが,事後の救済で健康や生命は回復不能

知る権利

〔②　　　　　　　〕…国や地方公共団体に情報を公開させる権利
　…主権者である国民が正しい政治判断をするため不可欠

1999年　〔③　　　　　　　〕
　　　　　…政府の説明責任(アカウンタビリティ)について定める

2013年　〔④　　　　　　　〕
　　　　　…国と国民の安全確保のため,安全保障関係の重要な情報を保護
　　　　　＊漏洩・取得を処罰するため,[②]を侵害する危険

〔⑤　　　　　　　〕…マス・メディアに対して,自己の意見の発表の場の提供を要求する権利(反論権を含む)

プライバシーの権利

〔⑥　　　　　　　　　　　〕
　…私生活上のことがらをみだりに公開されない権利
　…自己の情報をコントロールする権利

【主張される理由】
　・情報伝達手段の飛躍的な発達→私生活が侵される危険の高まり
　・高度情報化社会で自己情報をコントロールする必要性

2003年　〔⑦　　　　　　　〕
　　　　　…行政機関だけでなく,民間事業者などに
　　　　　個人情報の適正な取り扱いを義務づける

個人情報管理のための法整備の推進

1999年　改正住民基本台帳法
　　　　　…全国民の住民票にコード番号をつけて一元管理
　　　　　＝住基ネット(2002年稼働)

2013年　共通番号法＝〔⑧　　　　　　　　〕
　　　　　　　　　…国民一人ひとりに固有の番号をつけて社会保障や税に関する情報を管理する

課題…情報の漏洩や不正利用の可能性など,プライバシー侵害の危険

自己決定権

〔⑨　　　　　　　〕…個人が私的なことがらについて,自ら決定できる権利
＊〔⑩　　　　　　　　　　　〕
　　　　…十分に知らされたうえでの同意。医療での[⑨]保障に重要

- -

- -

- -

- -

- -

- -

- -

- -

- -

問 教科書p.64およびp.65の本文を参考にして，新しい人権について説明した文として適当なものを，次の①〜⑩のうちからすべて選びなさい。

① 医療現場において自己決定権を実質的に保障していくためには，インフォームド・コンセントの確立が必要である。

② 知る権利を保護するために，特定秘密保護法が制定された。

③ 環境権を主張する根拠の一つに，日本国憲法第13条の幸福追求権がある。

④ 通信傍受法は，通信の秘密の保護を強化するものである。

⑤ 知る権利の対象には，個人の私生活のことがらも含まれる。

⑥ 国立マンション訴訟は，自己決定権をめぐって争われた。

⑦ 環境権の一つとして，日照権があげられる。

⑧ 知る権利を保障するために，情報公開法が制定された。

⑨ プライバシーの権利を保護するために，住基ネットの稼働がはじまった。

⑩ 四大公害訴訟では，いずれも原告側が敗訴はしたが，その後の環境破壊行為の禁止へとつながった。

Try **1**インターネット上の個人情報や中傷などの削除を求める「忘れられる権利」が主張されるようになってきた。その根拠となるプライバシーの権利について，教科書p.65を読み，次の文章の〔 ア 〕〜〔 オ 〕に適語を書きなさい。

「〔ア　　　　　　〕をみだりに公開されない法的保障」としてプライバシーの権利がはじめて認められたのは，三島由紀夫の小説『〔イ　　　　　　　〕』をめぐって争われた裁判の中であった。しかし，大量の〔ウ　　　　　　〕が政府や企業によって収集・管理されているこんにちでは，プライバシーの権利を，自己情報を〔エ　　　　　　　　〕する権利としてとらえる必要も生まれている。このような状況への対応として，行政機関や民間事業者などに〔 ウ 〕の適正な取り扱いを義務づける〔オ　　　　　　　〕が制定された。

2「忘れられる権利」についてあなたはどう考えますか。

7 人権の広がりと公共の福祉

>>> **私人の間の人権保障**

三菱樹脂事件では，最高裁は，憲法の基本的人権の保障は，私人間の関係に直接適用されるものでないから，民間企業が入社試験で信条調査をおこない，政治的信条を理由として本採用拒否をしても，その人の思想・良心の自由の侵害とは言えないと判示した。(→圏p.68❶)

>>> **法律による規制**

近年，特定の民族などを標的にしたヘイトスピーチに対する法律や条例による規制もおこなわれるようになってきた。(→圏p.68❷)

>>> **「[④]」**

これを理由にした基本的人権の制限は慎重にしなければならない。(→圏p.68❸)

◯ 社会生活と人権

国家権力からの自由

→ 大企業や[① 　　　　　　　　　　　]が大きな影響力をもつ

→ 社会的権力からの自由をも保障しようとする

私人(社会的権力には該当しない一般の人々)による侵害

　　　→ドメスティック・バイオレンス，児童虐待，外国人差別など

◯ 人権の国際化

1948年 [② 　　　　　　　　　　　]

　　　　　…国連総会で採択された，個人と国家が達成すべき
　　　　　　人権保障の共通の基準

1966年 [③ 　　　　　　　　　　　](1976年発効)

　　　　　…[②]をより具体化し，各国を法的に拘束するもの

◯ 公共の福祉と国民の義務

「[④ 　　　　　　　　　　　]」

　　…個人の権利を等しく尊重し，適正な調整をはかるための原理

＊個人をこえた全体の利益を意味するものではない

MEMO

次の会話は，再開発中の商店街に防犯カメラを設置することについて，先生と生徒が話しあっているものです。会話文を読み，以下の設問に答えなさい。

ミ　キ：防犯カメラを設置すれば，治安の改善が期待できるのかしら。

ケ　ン：僕はそう思うなあ。　　　　A

先　生：防犯カメラの映像から人の顔を自動的に識別するシステムも導入するので，より効果的ですね。

ミ　キ：そうだとしても，街のあちこちに防犯カメラが設置されるのは，　　　　B　　　　みたいで，不安です。たとえば，たまたま商店街を通った映像も保存されて，何か事件が起きれば，警察に提供されてしまうんですよね。

ケ　ン：防犯カメラがなくても，商店街の人たちには見られているんだから，大きな問題はないと思うけれど？

ミ　キ：自分が通行人だったら，単に目視されるのは仕方ないけれど，画像で保存されるのはすごく嫌だな。

先　生：防犯に役立つとしても，商店街の利用者や通行人のプライバシー保護や肖像権との関係が，問題になるということですね。

ケ　ン：ところで，商店街の中に，再開発に反対する市民団体の事務所があるみたいですが，その入口が防犯カメラの撮影範囲に入っているみたいです。

ミ　キ：本当？それは個人の権利を守る観点で問題はないのかしら。

問1　空欄　　A　　に入りうる発言として適当でないものをすべて選びなさい。

① 防犯カメラを設置してもしなくても，犯罪件数はあまり変わらないみたいだからね。

② 防犯カメラがないほうが，かえって犯罪が減るみたいだからね。

③ 犯罪件数と防犯カメラの設置台数には関連があるという調査結果もあるみたいだよ。

④ 防犯カメラの台数を増やすと，犯罪件数が増えるという調査結果もあるみたいだよ。

問2　空欄　　B　　に入りうる発言として適当でないものをすべて選びなさい。

① 自分が監視されている　　　② 犯罪に巻き込まれる

③ 治安が悪くなる　　　④ 商店街が再開発される

問3　下線部「個人の権利を守る観点」で，商店街の再開発に反対する市民団体の事務所の入り口が撮影範囲に入る防犯カメラの設置は，どのような問題があるだろうか。当てはまるものをすべて選びなさい。

① 商店街の再開発が滞る。

② 商店街の再開発に誰が反対しているかがわかってしまう。

③ 市民個人で治安を改善することができなくなる。

④ 市民個人の安全が脅かされる。

Try　防犯カメラ設置による商店街の治安改善という全体の利益と，設置に反対する個人の利益との関係をどのように考えればよいだろうか，公共の福祉の観点から話しあってみよう。

自分の考え	他の人の考え

8 平和主義とわが国の安全

》》》平和憲法
前文には「日本国民は，（中略）政府の行為によって再び戦争の惨禍が起ることのないやうにすることを決意」するという文言もあり，第9条と共に，その徹底した平和主義から，日本国憲法は平和憲法とも呼ばれる。

》》》〔⑨〕の役割
国土防衛や公共の秩序維持のほか，自然災害の際に人命や財産を保護するための活動（災害派遣），海外活動などがある。
（→圏p.70❶）

》》》〔⑩〕
現代の民主主義国家に共通する大原則であり，英語では「シビリアン-コントロール」という。

》》》長沼ナイキ訴訟
自衛隊の合憲性に関連して，北海道夕張郡長沼町への航空自衛隊のミサイル基地設置に反対する周辺住民が提起した訴訟。
（→圏p.70判例①）

》》》砂川事件
東京都砂川町（現立川市）にあった米軍立川飛行場の拡張をめぐり，〔⑬〕の合憲性が争われた。
（→圏p.71判例②）

》》》〔⑮〕の課題
占領期の米軍の特権が数多く残されたままで，不平等な規定が少なくない。
（→圏p.71＊1）

平和主義の確立

アジア太平洋戦争での加害・被害の経験
　→その反省から，徹底した〔①　　　　　　　　　〕を採用
　〔②　　　　　　　　　　　〕
　　　…全世界の国民が平和のうちに生存する権利（憲法前文）
憲法第9条…〔③　　　　　　　〕の放棄，〔④　　　　　　　〕の不保持，
　〔⑤　　　　　　　　　　〕の否認を定める

憲法第9条と防衛力の増強

1950年	〔⑥　　　　　　　　　　　　〕の発足…連合国軍総司令部の指示 …〔⑦　　　　　　　　　〕の勃発をきっかけとする
1952年	〔⑧　　　　　　　〕へ改組 …対日平和条約・日米安全保障条約締結が背景
1954年	〔⑨　　　　　　　〕が発足 …米国との相互防衛援助協定（ＭＳＡ協定）調印が背景

〔⑩　　　　　　　　　　　　　　〕
　…国防上の重要事項の決定権を文民（職業軍人でない者）がもつこと
　　［目的］軍隊の独走を防ぐため
　　［ 例 ］・〔⑪　　　　　　　　　　　〕が自衛隊の最高指揮監督権をもつ
　　　　　　・防衛大臣は文民であること
〔⑫　　　　　　　　　　　　　　　〕
　…外交・安全保障に関して，内閣総理大臣と少数の閣僚が日常的に
　　情報交換や審議をおこなう機関
　　［目的］政府の意思決定を早めるため
＊〔⑨〕創設時，憲法違反ではないかという論議
　→政府見解＝「自衛のための必要最小限度の実力」であって，
　　　第9条で禁じられた「戦力」ではない

日米安保体制

1951年	〔⑬　　　　　　　　　　　〕（安保条約） …サンフランシスコ平和条約と同時に締結 …米軍の駐留を認め，基地（施設および区域）を提供
1960年	〔⑭　　　　　　　　　　　　　　〕 （新安保条約）…〔⑬〕を改定したもの 　…日本領域内で日米いずれかに対する攻撃の際，「憲法上の規定に従う」条件付きで，共同行動をとることなどが決められた 〔⑮　　　　　　　　　　　〕 …新安保条約第6条に基づく …在日米軍基地や米軍人の法的地位を定めた協定

1978年	「日米防衛協力のための指針」＝〔⑯　　　　　　　　　　　〕策定
	→以後，日米共同作戦の研究や日米共同演習を実施
	・思いやり予算…アメリカの求めに応じて，在日米軍駐留経費の
	一部を日本側が負担する制度

非核三原則

核兵器を「〔⑰　　　　　　　　　　　　　　〕」

　…日本政府の基本方針(1971年，国会決議)

　　→「広義の密約」により，核兵器のもち込みが黙認されていた

MEMO

Check 〔1〕教科書p.70の資料❷「防衛関係費の推移」からわかるように，防衛関係費が1990年代まで増大し続けたのはなぜか，教科書p.172の本文を参考にして，次の文章の〔ア〕～〔ウ〕に適語を書きなさい。

　　第二次世界大戦後，アメリカを中心とする資本主義諸国(〔ア　　　　　〕)と，〔イ　　　　　〕を中心とする社会主義諸国(東側)との対立が表面化して〔ウ　　　　　〕がはじまり，1989年の両国の首脳による終結宣言まで続いた。日本は日米安保体制の下，〔ア〕の一員として防衛力の強化に努めた。

〔2〕教科書p.71の資料❸「憲法第9条と自衛権に関する政府解釈の推移」，p.168の本文，p.219を参考にして，自衛隊に関する政府解釈・不戦条約・国連憲章について説明した文として適当なものを，次の①～⑤のうちからすべて選びなさい。

①　憲法制定当時から自衛隊の創設は予定されていた。

②　国連憲章と日本国憲法は，いずれもあらゆる軍事的措置を認めていない。

③　1928年締結の不戦条約は，戦争そのものを違法とした。

④　政府は，日本国憲法は自衛権を否定していないので，自衛隊は違憲ではないと主張している。

⑤　国連憲章は，日本国憲法の平和主義の精神を取り入れて成立した。

Try 「自衛のための必要最小限度の実力」とはどのように限界づけられるのか，考えてみよう。

● 自衛隊の海外派遣と安保体制の変容

政府見解…憲法上，自衛隊の海外出動は許されないが，武力行使をともなわない海外派遣は可能

【自衛隊の活動の拡大】

1991年	湾岸戦争終結後，「国際貢献」などを理由として，自衛隊が初の海外派遣
1992年	[①]→ カンボジアをはじめ，世界各地に自衛隊が派遣されるようになる
2001年	[①]改正 → 国連の平和維持軍本体業務への参加が可能に
2006年	自衛隊法改正 → 海外活動も「本来任務」になる
2009年	海賊対処法…海賊行為の取り締まりのため，ソマリア沖に護衛艦を派遣

【日米安保体制の拡大】

1996年	[②] …日米の防衛協力の範囲が「アジア太平洋地域」に拡大，日米安保の強化
1997年	「日米防衛協力のための指針」改定
1999年	[③]法…自衛隊が米軍の後方支援 [③]…日本周辺地域において，日本の平和と安全に重大な影響を与える事態

● 戦地への自衛隊派遣

2001年　アメリカ同時多発テロ事件をきっかけに

　　[④]

　　　…参戦国の艦船への海上補給のため，自衛艦がインド洋に出動

2003年　イラク戦争の際　[⑤]

　　　　　　　　　…武力衝突が続くイラクに自衛隊を派遣

● 有事法制の整備

[⑥]…外国から攻撃を受けた場合など，有事（緊急事態）に対処するための法制度

2003年　有事関連3法…[⑦]など

2004年　関連7法…有事関連3法を補完する

　　　　　　…[⑧]，米軍行動円滑化法など

● これからの安全保障体制

従来の政府見解…憲法上認められるのは，自衛のための最小限度の実力行使

　　　　　…[⑨]の行使は認めない

2014年　[⑨]を限定的に認めるための閣議決定

2015年　[⑩]の制定

　　　　…存立危機事態にあって[⑨]の行使を可能にした

>>> **後方支援**
米軍への燃料補給や物資・人員の輸送（後方地域支援活動）や，戦闘中に遭難した米兵を救助する活動（後方地域捜索救助活動）など。（→國p.72❸）

>>> **自衛隊派遣への訴訟**
イラク派遣についての2008年の名古屋高裁判決は，「戦闘地域」であるバグダッドでの航空自衛隊の空輸活動は，第9条が禁止する「武力の行使」に当たるとしたが，損害賠償と派遣差し止め請求は退けた。（→國p.73❹）

>>> **[⑥]への批判**
制度化に際しては，広く人権が制限される危険があるため，強い批判が出された。

>>> **個別的自衛権**
外からの急迫不正な侵害を受けたとき，自国を守るために必要な措置をとる権利。（→國p.73❺）

【自衛権行使の要件】

❶わが国に対する武力行使または同盟国への武力攻撃がわが国の存立を脅かす
　場合

❷他に適当な手段がない

❸必要最小限度の実力行使

MEMO

🌾Try　①安全保障には，軍事面以外にどのようなものがあるか，教科書p.181の本文を参考にして，
次の文章の〔 ア 〕・〔 イ 〕に適語を書きなさい。

　現在，地域の安定化や紛争終結後の社会再建を目的とした「〔ア　　　　　　　　　　〕」に基づく非
軍事的な分野での国際貢献が注目されている。日本は，〔イ　　　　　　　　〕の安全保障なども含めた多角的
な安全保障を追求しており，これまでの実績を生かした分野での活動が求められている。

②教科書p.181のOpinionを参考にして，「人間の安全保障」を実現するために日本が求められている役
割について説明した文として適当なものを，次の①〜⑦のうちからすべて選びなさい。

① 　より広く難民の救済にあたる。

② 　日本国憲法の平和主義の理念を世界に広げていく。

③ 　環境保全のために，これ以上の経済的発展をめざすことはやめる。

④ 　アメリカ軍と協力して，自衛隊の武力面での貢献を強化していく。

⑤ 　新型インフルエンザのような感染症対策に力を注ぐ。

⑥ 　ＯＤＡを増額し，日本企業の発展に寄与する。

⑦ 　多少の格差の発生はやむを得ないので，他の先進国と力を合わせて一層の経済のグローバル化を推
　　進していく。

第1章　この章の学習をまとめてみよう。

●民主主義や人権保障を実現するために，何が日本国憲法に求められているか考えてみよう。

●「政治」とは何だろう。自分なりに「政治」を定義してみよう。

1 政治機構と国会

教科書　p.76〜77

国会の地位と役割

国民主権…国の政治のあり方を決める権限は国民にある

[①　　　　　　　　　]…国民が政治に直接参加する

⬇

政治のすべてにおいて実現することは，現実には不可能

日本国憲法では以下のように規定

[②　　　　　　　　　]（間接民主制）

…「全国民を代表する」機関＝[③　　　　　]

[④　　　　　　　　　]…三つの権力が「抑制と均衡」の関係にある

【憲法の定め】

「[⑤　　　　　　　　　]」…国の政治は国会を中心におこなわれるべき

「[⑥　　　　　　　　　]」…法律を制定する権限を有するのは国会のみ

国会の構成と権限

【国会の構成】

二院制…[⑦　　　　　　]と[⑧　　　　　　]

…両院の意思が合致したとき，国会の意思とされる

→両院が異なった議決をした場合は[⑨　　　　　　　　]で協議

[二院制の意義]

・一方の決定をもう一方でチェックする

・選挙の制度や時期をかえることによって，多様な民意を議会に反映

→慎重な審議をするうえで重要

【国会議員の特権】

・会期中の[⑩　　　　　　]特権（第50条）

・[⑪　　　　]特権

…院内での発言などについて院外で責任を問われない（第51条）

・[⑫　　　　]特権

…給料（第49条）のほか，文書・交通費や秘書給与などが支給される

【国会の役割】

・法律案の議決（第59条），[⑬　　　　　]の議決（第60条），条約の承認（第61条），内閣総理大臣の指名（第67条），[⑭　　　　　　　]の発議（第96条）など

・[⑮　　　　　　　]…立法や行政監督などのために，広く国政を調査する権限（第62条）

・[⑯　　　　　　]

…法律案の議決，[⑬]の議決，条約の承認，

>> **法案の提出**
実際には，議員立法は少なく，国会で審議されて成立する法律の大半は，内閣が提出した法案に基づいている。（→図p.76❶）

>> **会期**
議会が活動する期間。通常国会は原則150日，秋には臨時国会が召集されることが多い。

>> **公聴会**
予算や重要法案などの審議において，利害関係者や専門家などから意見を聞くための場。

内閣総理大臣の指名について，衆議院の意思を参議院に優越させる

→衆議院議員のほうが任期も短く，解散もあるため，民意がよりよく反
映されるから

国会の運営

❶［⑰　　　　　　　］制度

実質的な審議は本会議の前に開かれる［⑰］でおこなわれる

❷会派（政党）中心の運営

政権を担当している政党＝与党　　　担当していない政党＝野党

・与野党の国会対策担当者で議事運営の根回し

・政党は公約を掲げて選挙をたたかう

→公約を踏まえ議会での対応を決定（党議）し，
政党に所属する議員は［⑱　　　　　　　　］を受ける

》》》**国会審議活性化法**
国会の審議の活性化と，政治主導の政策決定を目的として制定された（1999年）。（→図p.76＊1）

MEMO

Check　①衆議院の優越が認められている理由は何か，次の文章の〔 ア 〕〜〔 ウ 〕に適語を書きなさい。

衆議院議員の方が参議院議員よりも〔ア　　　　　〕が短く，〔イ　　　　　〕もあるため，〔ウ　　　　　〕がよりよく反映されると考えられているから，衆議院の優越が認められている。

②教科書p.76〜77の本文を参考にして，衆議院の優越が認められているものを，次の①〜⑨のうちからすべて選びなさい。

①　内閣総理大臣の指名　②　国政調査権　③　歳費特権　④　条約の承認　⑤　予算の議決

⑥　会期中の不逮捕特権　⑦　法律案の議決　⑧　免責特権　⑨　憲法改正の発議

Try　国会が「国権の最高機関」（日本国憲法第41条）とされている理由は何か，教科書p.41，44，56，76の本文を参考にして，民主主義の観点から次の文章の〔 ア 〕〜〔 オ 〕に適語を書きなさい。

国の政治のあり方を最終的に決定する権限である〔ア　　　　　〕を国民がもつという〔イ
　　　　　〕の原理は，日本国憲法の三大基本原理の一つとなっている。ただ，国民が政治のすべてに〔ウ　　　　　〕参加する〔 ウ 〕民主制は，現実には不可能であり，日本国憲法は国民が代表者を通じて政治決定する〔エ　　　　　〕民主制を基本としている。「国権の最高機関」とは，〔 イ 〕の下で「〔オ　　　　　〕を代表する」（憲法第43条）機関である国会を中心に政治がおこなわれるべきことを示したものである。

第2章　日本の政治機構と政治参加　**59**

2 行政権と行政機能の拡大

内閣と議院内閣制

行政権…[① 　　　　　　]に属する(第65条)

[② 　　　　　　　　　　]…国会議員のなかから国会の議決で指名(第67条1項)

その他の国務大臣…内閣総理大臣が任命，過半数は国会議員(第68条1項)

【内閣の役割】

・一般行政事務(以下，第73条)，法律の誠実な執行，

　国務の総理(国務を統一して管理すること)，

　外交関係の処理や[③ 　　　　　]の締結，

　[④ 　　　　　]の作成，[⑤ 　　　　　]の制定

・天皇の国事行為に対する[⑥ 　　　　　　　　](第3条・第7条)

・最高裁判所長官の指名とその他の裁判官の任命(第79条1項・第80条1項)

【内閣総理大臣の地位】

　内閣の首長…ほかの国務大臣より上位にあり内閣を統括し代表する

　＊明治憲法では「同輩中の首席」＝他の国務大臣と対等

【内閣総理大臣の役割】

・国務大臣の任免権，議案を国会に提出，一般国務・外交関係について国会に

　報告，行政各部を指揮監督

【国会との関係】

[⑦ 　　　　　　　　]

　…内閣が行政権の行使について，国会に対し連帯して責任を負う

　…衆議院が内閣に対して[⑧ 　　　　　　]をしたときは，

　　内閣[⑨ 　　　　　]か衆議院を[⑩ 　　　　]する(第69条)

行政権の拡大と官僚政治

【特徴と課題】

福祉国家では行政権の拡大が見られる

・[⑪ 　　　　　　　]…中央省庁の官僚機構が政策決定に中心的な役割

・内閣が提出する法案が多い

・[⑫ 　　　　　]の増大…法律では大枠だけを決め，

　　　　　　　　　　　　細部は政令や各省の命令などに任せる

・許認可権や行政指導で企業や業界を保護・統制

・政治腐敗や「天下り」の問題

行政の民主化と行政改革

❶行政の民主的で公正な運営

[⑬ 　　　　　　　]…許認可行政や行政指導の透明性の確保

[⑭ 　　　　　　　]…すべての人に行政文書の開示請求権を認める

オンブズ・パーソン(行政監察官)制度…地方自治体で制度化の例

❷[⑮ 　　　　　　]

　　…行政機関から独立して職権を行使　(例)公正取引委員会

》》首長
行政機関の独任制(＝一人で構成される)の長官のこと。

》》官僚主義の問題
権威主義や形式主義，なわばり意識による非効率などが問題となってきた。

》》許認可
無計画な開発・運営がないように，行政機関が事前に審査をして規制すること。

》》天下り
中央官庁の高級官僚が退官後に，所属官庁の関連企業の役員・幹部として再就職すること。

❸行政改革…行政の簡素化・効率化

　…規制緩和や行政機関の整理・統合など

　　→公的サービスの過度の削減は，国民生活に悪影響を与える場合も

- - -

MEMO

- - -
- - -
- - -
- - -
- - -
- - -
- - -
- - -
- - -
- - -
- - -
- - -

Check 資料読解 **教科書p.78の資料❶「提案者別法案の成立状況」などを参考に，三権分立や憲法第41条との関係から何が課題であるかを示した次の文章の，〔 ア 〕は正しいほうを選び，〔 イ 〕には適語を書きなさい。**

　近年の成立状況と見てみると，〔ア　議員立法　／　内閣立法　〕のほうが成立率は高い。これは，憲法第41条が定める，「国会は唯一の〔イ　　　　　　　　　〕」という文言や，三権分立の原則から大きな課題となっている。

Try **役割が拡大している行政の運営を国民がチェックするしくみについて，教科書p.79の本文を参考にして，次の文章の〔 ア 〕～〔 ウ 〕に適語を書きなさい。**

　行政の民主的で公正な運営をはかるためには，国民が行政を監視し，その弊害を絶えず批判していく必要がある。この点で，許認可行政や行政指導の透明性の確保を目的として1993年に制定された〔ア　　　　　　　　　〕と，すべての人に行政文書の開示請求権を認めた1999年制定の〔イ　　　　　　　　　〕が重要である。また，国レベルでは法制化はされていないが，独立した立場で行政の監察をおこなう〔ウ　　　　　　　　　　　　　　　〕制度が注目されており，すでに条例化している地方公共団体も少なくない。

》》 **裁判所の種類**
裁判所には，最高裁判所と下級裁判所（高等裁判所，地方裁判所，家庭裁判所，簡易裁判所）がある。その他の特別裁判所は認められていない。

国民の権利と裁判

裁判所の役割…法に基づいて争いを解決する

審級制度＝[① 　　　　　　　　　]を採用

　…裁判を３回までおこなうことができる

　…審理の慎重を期し，誤りがないようにするため

【公平な裁判を保障する原則】

[② 　　　　　　　　　　　　　](76条１・２項)

　…裁判所は他の国家機関からの干渉を受けない

裁判官の独立(76条３項)…憲法と法律以外には拘束されない

裁判官の身分保障(78条)…心身の故障と弾劾以外の理由では罷免されない

【裁判の種類】

》》 **知的財産高等裁判所**
知的財産権に関する訴訟を専門に扱う知的財産高等裁判所が，東京高等裁判所の特別な支部として設置されている。（→國p.80❶）

・[③ 　　　　　]裁判…私人間の権利義務に関する争いを解決

・[④ 　　　　　]裁判…法を適用して刑罰を科す

・[⑤ 　　　　　]裁判…行政を相手として権利救済を求める

憲法の番人

最高法規である憲法に違反する法律や国家の行為は無効

[⑥ 　　　　　　　　　]…裁判所が憲法に違反するかどうかを判断する権限

　　　　　　　　　　…立法権や行政権による基本的人権の侵害を防ぐ

最高裁判所は違憲審査を最終的に確定する

　→「[⑦ 　　　　　　　　　]」とも呼ばれる

＊[⑧ 　　　　　　　]

》》 **[⑧]の例**
最高裁は，日米安保条約の合憲性が争われた砂川事件判決（1959年）などで，統治行為論を採用した。（→國p.80❷）

　　…高度に政治的な事件には違憲審査権は及ばないとする考え方

国民と司法

【憲法との関係】

[⑨ 　　　　　　]を受ける権利の保障（第32条）

　…不当に侵害された権利の回復を求めることができる

裁判の[⑩ 　　　　　]が定められている（第82条）

　…裁判は国民に開かれたものでなければならない

最高裁判所裁判官の[⑪ 　　　　　　　　](第79条２項・３項)

　…適任かどうかを国民の投票によって審査される

》》 **最高裁判所の構成**
長官を含め15名の裁判官で構成される。長官は，内閣の指名に基づいて天皇が任命し，そのほかの裁判官は，内閣が任命する。（→國p.80❸）

国会に[⑫ 　　　　　　　]を設置（第64条）

　…職務上の義務に著しく違反する行為などをした裁判官を訴追し，辞めさせることができる

【その他の制度】

[⑬ 　　　　　　　　　]

》》 **陪審制**
有罪・無罪の判断を一般市民だけでおこない，量刑などの法律判断は裁判官がおこなう。アメリカなどで採用されている。（→國p.80❹）

　…刑事裁判に，18歳以上の国民から選ばれて参加する

　…重大事件の第一審で，有罪か無罪か，有罪の場合はどのくらいの刑罰にするかを，裁判官とともに決める

…検察官がおこなった刑事事件の不起訴処分の当否を

　　一般市民(有権者)から選ばれた審査員が判断する

少年事件と少年法

少年事件…20歳未満で罪を犯した者などの事件

少年法…処罰することより保護と教育により立ち直らせることを重視

　　　　(保護主義)→近年，保護主義の後退と厳罰化の動き

>>> **起訴議決制度**
同一の事件について審査会が再度起訴を相当と判断した場合，裁判所が指定した弁護士が被疑者を起訴する制度。(→圏p.81＊1)

MEMO

🔵Opinion　**①次の①〜⑥は，違憲審査権の行使に対する消極論と積極論のどちらの根拠となるか，分類しなさい。**

①　国会の定めた法律を軽々に審査するのは間違っている。

②　裁判所は直接国民を代表する機関ではない。

③　少数者の権利をしっかりと守るべきである。

④　高度に政治的な事件については，裁判所は判断すべきではない。

⑤　最高裁判所は「憲法の番人」としての役割を果たすべきだ。

⑥　人権侵害を救済できるのは裁判所以外にはない。

消極論 [　　　　　　　　]　　　積極論 [　　　　　　　　]

②違憲審査権の行使についてあなたはどう考えますか。消極論と積極論のどちらかを選び，その理由も簡単にまとめなさい。

消極論／積極論

＜理由＞

🦫Try　**裁判所の違憲審査権行使のあり方について，民主主義と立憲主義の観点を踏まえて話しあってみよう。**

民主主義	立憲主義

4 地方自治と住民福祉

>>> **民主主義の学校**
イギリスの政治家，ブライスの言葉。住民は，身近な地域での自治を通じて，民主政治を運営する能力や方法を身に付けることができる。(→國p.86❶)

私たちの暮らしと地方自治

【地方自治の本旨】

[①　　　　　　　　]…地域の政治を住民自身がおこなう

[②　　　　　　　　]…地方公共団体が自主的におこなう

　　→地方自治は「民主主義の学校」

地方公共団体の組織と権限

[③　　　　　]…議決機関　　　[④　　　　　]…執行機関

　　→[⑤　　　　　　　　　　]…[③]と[④]が住民の直接選挙で選ばれる

地方公共団体の権限…財産の管理，事務の処理，行政の執行，条例の制定

地方自治の課題

【事務上の課題】

[⑥　　　　　　　　　　]…国の事務執行を地方公共団体の長に委任した事務

　　　　→長が国の指揮・監督のもとにおかれてしまう

　　　⇩

[⑦　　　　　　　　　　](1999年)…機関委任事務を廃止

　[⑧　　　　　　　　]…地方公共団体本来の仕事

　[⑨　　　　　　　　]…国の関与が必要なもの

>>> 【⑩】
地方公共団体間の財政力の格差を是正するため，国税の一定割合を国が配分するもの。(→國p.86＊1)

>>> 【⑪】
公共事業や社会保障などの事務・事業に要する経費を国が支出するもの。(→國p.86＊2)

【財政上の課題】

地方税など自主財源が少なく，[⑩　　　　　　　　]や[⑪　　　　　　　　]など，国からの援助に依存＝「三割自治」「四割自治」

　　→国の権限だけでなく，それに見あう財源を地方に移すことが必要

[⑫　　　　　　　　]

　　　…❶国から地方への財源移譲，❷補助金削減，❸地方交付税の見直し

住民自治と住民の権利

❶住民自治の観点から，憲法が保障している権利

　・選挙権…地方公共団体の長，議会の議員その他の公務員を直接選挙する

　・地方特別法の住民投票権＝[⑬　　　　　　　　]

❷地方自治法が住民に保障している[⑭　　　　　　　　]

　・条例の制定・改廃請求権＝[⑮　　　　　　　　]

　・議会の解散請求権

　・長・議員・役員の解職請求権＝[⑯　　　　　　　]

>>> **役員**
ここでは，副知事・副市町村長，総合区長(政令指定都市)，教育長・教育委員などをさす。

❸[⑰　　　　　　　　]…重要な政策決定に住民の意思を反映させる有効な手段

　(例)市町村合併，原発建設の是非，米軍基地問題　など

　＊法的拘束力はもたない

地方が抱える課題

・財政が悪化した自治体の問題　　(例)財政再生団体となった夕張市

・限界集落…急速な過疎化・高齢化により社会共同生活の維持が困難な地域

→政府が「地方創生」を掲げて各種の取り組みを進める

>>> **財政再生団体**
総務省の指導の下に財政再建計画を作成し，行政改革などを通じて再建をはかる。

Check 資料読解 ①議員や首長の選出方法についての説明として正しいものを，教科書p.76の資料■「わが国の三権分立」とp.86の資料■「地方自治のしくみ」を参考にして，次の①～⑤のうちからすべて選びなさい。

① 地方公共団体の首長は，住民の直接普通選挙によって選出される。

② 主権者である国民は，内閣総理大臣を直接選出することができる。

③ 地方議会の議員は，それぞれの首長によって選出される。

④ 国会議員は，国民の直接普通選挙によって選出される。

⑤ 内閣総理大臣は，天皇によって指名される。

②団体自治の観点から地方財政が直面する課題について，教科書p.87の資料■「地方公共団体の歳入構成」と本文を参考にして，次の文章の〔ア〕～〔オ〕に適語を書きなさい。

　地方公共団体の歳入構成は，地方税を主とする〔ア　　　　　　　〕の割合が非常に低く，〔イ　　　　　　　〕や〔ウ　　　　　　　〕など国からの援助に大幅に依存している。さらに，国から〔イ〕・〔ウ〕や地方譲与税を受け取っても歳入は不足するので，〔エ　　　　　　〕という借金をせざるを得ないのが現状である。このように〔ア〕の割合が低く，国に依存している状況は「〔オ　　　　　　　〕」と呼ばれ，団体自治（地方公共団体が国とは別の団体として地域の政治を自主的におこなうこと）の観点からも大きな問題である。

Active ①次の①～③は，住民投票に関する肯定論と否定論のどちらの根拠となるか，分類しなさい。

① 原子力発電所や米軍基地の問題などは，直接関わる住民の意思を聞くべきである。

② 法的拘束力がない住民投票の結果は，実際の政策には反映されないことが多い。

③ 住民投票だけに頼ると，議会の存在意義が弱まってしまう。

肯定論 ☐　　　否定論 ☐

②原子力発電所の建設を住民投票で決定することは公正かどうか話しあってみよう。

| 自分の考え |
| 他の人の考え |

政党と政党政治

[①　　　　　　　]…共通の政治理念をもち，その実現のために結ばれた団体

　　　　　　　　　　国民の意見や要求をくみあげて政策や綱領にまとめる

　　綱領…その目的や運動方針などを定めたもの

　　政権公約（マニフェスト）

　　　…政策の内容や数値目標，実施期間などを具体的に示したもの

　　　選挙で示し，国民の支持を求める

[②　　　　　　　]…選挙で議席の多数を獲得した政党で，政権を担当する

⇕

[③　　　　　　　]…政権に参加しない政党で，与党や政府を批判したり，行政を

　　　　　　　　　　監視したりする

　→政権交代を前提に，両者が，よりよい政策を有権者に提案し，

　　支持獲得の競争をおこなう＝[④　　　　　　　　]

　→結果として，より多くの支持を得た政党が政権を担当し政策を実現する

【各国の政党政治の形態】

歴史的な事情や選挙制度によって異なる

[⑤　　　　　　　　　　]…二つの有力な政党が対抗（イギリス，アメリカなど）

[⑥　　　　　　]…三つ以上の政党が競争（フランス，ドイツ，イタリアなど）

＊一つの政党が議席の過半数を獲得できない場合，

　　複数の政党が政策協定を結んで政権を担当する＝[⑦　　　　　　　]

日本の政党政治の課題

財界・業界・労働組合などの団体に依存

　…政党の多くは党員数が少なく，資金や票集めをこれらの団体に頼りがちに

　　なる

政治家・官僚・財界の癒着（金権政治）

　…政権交代がなく長期政権が続いたため

　　⬇　　　金権政治を防止するための法制度

[⑧　　　　　　　]

　…要件を満たした政党に議員数・得票に応じ政党交付金を交付

　　←大政党を優遇しているとの批判もある

戦後日本の政党政治

1955年	[⑨　　　　　　　　　] …社会党の再統一，[⑩　　　　　　　　]の誕生 …保守政党と革新政党が保守優位のもとで対抗 （自民党が政権を維持）
1993年	非自民連立政権…[⑪　　　　　]内閣の誕生 　各種の選挙制度改革 → 政権交代可能な二大政党制への期待

>> **金権政治**
金の力で政治を動かそうとする動き。ロッキード事件やリクルート事件では，多くの政治家や官僚が逮捕された。（→圏p.90❶）

>> **非自民連立政権**
金権政治の問題があいつぎ，政治改革が問われるなかでおこなわれた選挙の結果，8党派で構成された。

2009年	〔⑫　　　　　　　〕党，衆議院で単独過半数 戦後初の二大政党間での〔⑬　　　　　　　　　　〕
2012年	自公連立政権復活(再び政権交代)
今後	野党再編が課題とされる

MEMO

- -

- -

- -

- -

- -

- -

- -

Check 資料読解 ①各政党の政治資金の内訳について，教科書p.90の資料❷「主な政党の政治資金の内訳」を参考にして，次の文章の〔 ア 〕〜〔 ク 〕に適語を書きなさい。

　各政党本部の政治資金の収入額に占める政党交付金の割合が非常に大きいのが，〔ア　　　　　　　　　〕・〔イ　　　　　　　　〕・〔ウ　　　　　　　　　〕であり，いずれも7〜8割前後を占めている。一方，〔エ　　　　　　　　〕は5割前後，〔オ　　　　　　　〕は2割前後で，また制度創設当初から政党交付金の受け取りを拒否している〔カ　　　　　　　〕はゼロである。〔 カ 〕や〔 オ 〕は収入に占める〔キ　　　　　　　〕の割合が高いのが特徴である。各政党とも党員数が少ないので，収入額に占める〔ク　　　　　　〕の割合が低いのが，共通した特徴である。

②教科書p.91「戦後の主な政党の系譜」　55年体制崩壊以降の特徴を読み取ってみよう。

Try　日本の政党政治の課題を「政治資金」，「政党間の競争」のどちらかの点から考えてみよう。

政治資金　／　政党間の競争

国民の政治参加と選挙制度

選挙…国民の意思を政治に反映させる最も重要な役割

[① 　　　　　　　　](参政権)…選挙を通じて国民が政治参加する

[② 　　　　　　　　]…一定の年齢に達した国民に選挙権を保障

[③ 　　　　　　　　]…一人ひとりの投票の価値を平等に扱う

【選挙制度の特色】

[④ 　　　　　　　　]制…1選挙区から2名以上の代表者を選出

　　　　　　　　…[⑦ 　　　　　　]が少ない／小政党に有利

[⑤ 　　　　　　　　]制…1選挙区から1名の代表者を選出

　　　　　　　　…[⑦]が多い／大政党に有利

[⑥ 　　　　　　　　]制…各政党の得票数に比例して議席数を配分

　　　　　　　　…[⑦]が少ない／小政党に有利

日本の選挙制度と課題

衆議院…[⑧ 　　　　　　　　　　　　　　　]

　　　　　＝小選挙区制(定数289)＋比例代表制(定数176)

参議院…選挙区制(定数148)＋比例代表制(定数100)

　　　　　＝拘束名簿式の「特定枠」と[⑨ 　　　　　　　　]式

【1票の格差】

当選するのに必要な票数(1票の価値)が選挙区間で差が生じている

＝議員定数の不均衡の課題→平等選挙の原則に反し，違憲

【公正な選挙を実現するための規制】

[⑩ 　　　　　　　　　　]

　　…戸別訪問の禁止，文書図画の規制，連座制の強化

[⑪ 　　　　　　　　　　]

　　…政治家個人に対する企業・団体献金を禁止

>>> **議員定数の不均衡**
最高裁は，衆議院の定数配分について，4.99対1，4.40対1を違憲としたが，選挙無効の請求は棄却した。ただし，選挙無効まで踏み込んだ高等裁判所判決もある(2013年)。(→國 p.92❷)

>>> **連座制**
選挙運動の中心人物が選挙犯罪で刑に処せられた場合，候補者の当選が無効となるほか，候補者はその選挙区で一定期間，立候補ができなくなる。
(→國 p.93 * 2)

>>> **[⑪]**
政治資金の透明性確保を目的とする。政治家個人の政治団体に対する企業団体献金は禁止されているが，政党に対する企業団体献金は認められている。(→國 p.93 * 3)

問 ドント式に基づいて以下の表の空欄ア〜タをうめ，各党の当選者数を求めなさい。（定数5）

		A党	B党	C党	D党
候補者数		5人	5人	5人	3人
得票数		54万票	48万票	24万票	12万票
除数	÷1	ア	エ	キ	コ
	÷2	イ	オ	ク	サ
	÷3	ウ	カ	ケ	シ
当選者数		ス	セ	ソ	タ

Check 資料読解 選挙制度の特色についての説明として正しいものを，教科書p.92の資料**1**「選挙制度の特色」を参考にして，次の①〜⑦のうちからすべて選びなさい。

① 大選挙区制と比例代表制は死票が少なく，多様な意見が反映されやすい。

② 比例代表制は二大政党制の方向に向かい，政治が安定しやすい。

③ 小選挙区制は小党分立を招きやすい。

④ 小選挙区制は大政党に有利である。

⑤ 大選挙区制は少数意見が反映されにくい。

⑥ 小選挙区制は選挙費用が少額ですむ。

⑦ 比例代表制は小政党に不利である。

Try なぜ普通選挙と平等選挙の原則は大切なのか，民主主義と公正の観点から説明してみよう。

7 世論と政治参加

民主政治と世論

世論…公的なことがらに関する人々の意見，大きな力がある

　…[① 　　　　　　　　　　　　]やインターネットが

　　世論形成に強い影響を及ぼす

　　→政党や圧力団体による世論操作の動きを監視していくとともに，

　　　情報を理性的に批判できる能力

　　　＝[② 　　　　　　　　　　　　　　]が必要

政治的無関心と無党派層の拡大

[③ 　　　　　　　　　　]…政治に対する無関心な態度

　　　個人が政治に影響を及ぼすことは難しいという無力感

　　　政治家や官僚の腐敗などへの嫌悪感

　　　選挙の棄権などにつながる→一部の人々の意見のみが政治に反映

[④ 　　　　　　　　]…政治的な関心はあるが，特定の支持政党をもたない

　　　　　　　　　　　　人々

　　　　　　　　　　　…拡大が目立ち，選挙の際に動向が注目される

市民運動の広がり

[⑤ 　　　　　　　　]…市民が自発的に集まり政治に働きかける運動

　　　　　　　　　　　…署名運動やデモ行進など

[⑥ 　　　　　　　]…地域に住んでいる人々が協力して，

　　　　　　　　　　環境保全やまちづくりなど地域の課題に取り組むこと

[⑦ 　　　　　　　](民間非営利組織)

　…福祉や環境保全，国際協力や平和の推進などの社会貢献活動をおこなう，

　　営利を目的としない団体

　　＊1998年の[⑦]法(特定非営利活動促進法)により，

　　　法人格を得やすくなった

〉〉 圧力団体
議会や官庁などに直接働きかけ，自分たちの利益を促進しようとする集団。
(→歐p.94＊1)

〉〉〉[⑦]の広がり
2011年の東日本大震災の際にも，多くの市民やNPOがボランティアで，被災者支援活動に参加している。(→歐p.95❶)

MEMO

問 次の会話は，どうすれば民意が国政に反映されるかについて，先生と生徒が話しあっているものです。会話文を読み，以下の設問に答えなさい。

ケ　ン：どうすれば僕たちの意見が政治に反映されるのでしょうか？

先　生：一番大切なのは，選挙で投票することだ。選挙は民意を示す最大のチャンスだからね。

ケ　ン：でも，選挙での投票だけで，僕の意見が本当に国政に反映されるのか疑問です。

先　生：だから，地方分権が大切なんだ。重要な政策決定を地方のレベルでおこなえるようにすれば，キミの意見が政策に反映される可能性も高くなる。国民の知る権利のために情報を収集・報道し，国民にかわって政府をきちんと批判するマス・メディアの存在も重要だ。私たちは主権者として，マス・メディアのあり方にも関心をもつ必要がある。

ケ　ン：僕たち自身にできることがありますか？

先　生：　　　　　　A　　　　　　など，市民による直接的な働きかけも大きな意義をもつ。多様なチャンネルを通じて民意を示すことが必要なんだ。

(1)　下線部のような疑問の背景になり得るものをすべて選びなさい。

①　個人が政治に影響を及ぼすことは難しいという無力感。

②　自分が社会や人びとの役に立っているという実感。

③　人によってさまざまな個性や価値観。

④　政治家や官僚の腐敗への嫌悪感。

(2)　空欄　A　に入りうる語として適当でないものをすべて選びなさい。

①　署名運動　　②　憲法改正　　③　デモ行進　　④　議会や官庁への請願・陳情

Try　SNSなどインターネットの普及が世論形成に与えるメリットとデメリットを考えてみよう。次の①～⑤のうち，メリットまたはデメリットを説明した文章として適当なものをすべて選びなさい。

①　SNSで発信される情報は，報道倫理についての組織的なチェックを受けているため，情報の信頼性が高いというメリットがある。

②　インターネット上では，フェイク・ニュースが拡散される危険性が高いというデメリットがある。

③　検索システムやSNSは個人の閲覧情報などを収集・管理することで，多様な情報を提供してくれるというメリットがある。

④　インターネット上の情報では，重要な問題や多様な意見に触れられないというデメリットがある。

⑤　誰でも入手できる携帯端末を通じて，発信者と受信者が双方向的につながることができるというメリットがある。

第2章　この章の学習をまとめてみよう。

●選挙のときに有権者として正しい判断をするには，どんなことが重要か考えてみよう。

選挙権を行使するために

国政選挙（衆議院議員選挙，参議院議員選挙）のほか，県知事選挙や市議会選挙といった地方選挙も18歳から可能になる。

選挙の基礎知識

・衆議院議員選挙の投票は，〔① 　　　　〕歳から可能になる
・参議院議員選挙の投票は，〔② 　　　　〕歳から可能になる
・衆議院議員への立候補は，〔③ 　　　　〕歳から可能になる
・参議院議員への立候補は，〔④ 　　　　〕歳から可能になる
・〔⑤ 　　　　　　　　〕
　…部活動や仕事などのため選挙期日に投票することが難しい場合に，選挙期日前であっても，選挙期日と同じく投票を行うことができる制度
・〔⑥ 　　　　　　　　〕
　…仕事や留学のために海外に住んでいる有権者が，国政選挙に投票することができる制度

選挙にあたって気をつけること

・〔⑦ 　　　〕歳未満が選挙運動をおこなう
　　　　選挙運動…選挙期間中に，候補者の応援をおこなうこと
・電子メールで選挙運動をおこなう
・選挙運動期間（公示日から投票日前日まで）外に選挙運動をおこなう
・選挙運動をおこなって報酬をもらう
・「ジュースおごるから」「宿題やってあげるから」と言って，特定の候補者への投票を依頼する
＊これらはすべて〔⑧ 　　　　　　　　〕違反となる可能性がある

問 [1] 有権者の選挙運動として認められているものを，以下の①〜③から一つ選びなさい。
　① 特定の候補者への投票を呼び掛けるメールを，知人に送信する。
　② 選挙公報などを見て分析した争点のまとめと自分の考えを，ブログで公開する。
　③ 特定の候補者への投票を呼び掛けるビラを配布して，アルバイト代をもらう。

〔　　　　〕

[2] 高校生の政治参加として適切なものを，以下の①〜③から一つ選びなさい。
　① 自分が18歳になったので，高校1年生の後輩に手伝ってもらって選挙運動をする。
　② 投票日が部活動の試合日程と重なってしまったので，それを理由に期日前投票をする。
　③ 自分と同じ政党を応援している社会人の先輩に頼まれて，選挙活動に使用するために自分が所属する部活動の部員の連絡先を教える。

〔　　　　〕

3 次の架空の政党であるA～D党の政策集を読み，下の表にまとめてみよう。それらの分析を基にして，自分ならどの政党に投票するかを考えてみよう。

A党　政策集

・原子力発電所を積極的に活用します
・防衛費を削減して，財政を立て直します
・自動車産業を国有化して貿易黒字を増やします
・奨学金の対象者と金額を増やして，誰でも学ぶことができる社会をめざします
・同一労働同一賃金で平等な働き方を実現します

B党　政策集

・農業を守るために農家の補助金を増やします！
・公務員の人数を減らして，財政再建！
・学校からいじめをなくします！
・長時間労働のない働き方に改革します！
・ストップ温暖化！

C党　政策集

・外国人労働者を活用して，人材不足を解消することをめざします
・TPPやRCEPなどの自由貿易をさらに進めます
・オール電化で効率的なエネルギー利用
・所得税増税による財政適正化をめざします
・高校中退者を減らす教育改革を実現します

D党　政策集

・女性が働きやすい社会を実現します
・幼児教育の無償化を実現します
・消費税を増税して，みんなの力で財政再建
・ロボット技術が成長の源！　技術の開発や育成に予算を重点的に配分します
・さらなる省エネを推進し，エネルギーを大切に

	A党	B党	C党	D党
エネルギー政策				
財政改革				
産業・貿易				
教育				
雇用・労働				

①あなたはどの政党に投票しますか

②なぜその政党に投票することにしたか，理由を書いてみよう

① 生徒Xは，将来教師になりたいこともあり，「教育と法」という講義に参加した。講義では，日本国憲法第26条第2項の「義務教育は，これを無償とする」をどのように理解するかという論点が扱われた。次の資料1〜3は，講義内で配付された，関連する学説の一節と義務教育の無償に関する判断を示した1964年の最高裁判所の判決の一部分である。義務教育を無償とする規定の意味について，次の資料1〜3から読みとれる内容として正しいものを，下の記述a〜cからすべて選び，その組合せとして最も適当なものを，下の①〜⑦のうちから一つ選べ。なお，資料には，括弧と括弧内の表現を補うなど，表記を改めた箇所がある。　　　　　（大学入学共通テスト（政治・経済）・2021年第1日程を一部改変）

資料1

> 憲法が「義務教育は，これを無償とする」と明言している以上，その無償の範囲は，授業料に限定されず，教科書費，教材費，学用品費など，そのほか修学までに必要とする一切の金品を国や地方公共団体が負担すべきである，という考え方である。

（出所）永井憲一『憲法と教育基本権［新版］』

資料2

> 「無償」とは，少なくとも授業料の不徴収を意味することは疑いなく，問題はむしろ，これ以上を意味するのかどうかだけにある。…（中略）…現実の経済状況のもとで就学に要する費用がますます多額化し，そのために義務教育を完了することができない者が少なくない，という。そして，そうだから就学必需費は全部無償とすべきである，と説かれる傾向がある。しかしこれは，普通教育の無償性という憲法の要請と，教育の機会均等を保障するという憲法における社会保障の要請とを混同しているきらいがある。経済上の理由による未就学児童・生徒の問題は，教育扶助・生活扶助の手段によって解決すべきである。

（出所）奥平康弘「教育をうける権利」（芦部信喜編『憲法Ⅲ 人権(2)』）

資料3

> 同条項（憲法第26条第2項）の無償とは，授業料不徴収の意味と解するのが相当である。…（中略）…もとより，憲法はすべての国民に対しその保護する子女をして普通教育を受けさせることを義務として強制しているのであるから，国が保護者の教科書等の費用の負担についても，これをできるだけ軽減するよう配慮，努力することは望ましいところであるが，それは，国の財政等の事情を考慮して立法政策の問題として解決すべき事柄であって，憲法の前記法条の規定するところではないというべきである。

（出所）最高裁判所民事判例集18巻2号

- a　資料1から読みとれる考え方に基づくと，授業料以外の就学ないし修学にかかる費用を無償にするかどうかは，国会の判断に広く委ねられる。
- b　資料2から読みとれる考え方に基づくと，授業料以外の就学ないし修学にかかる費用の負担軽減について，生存権の保障を通じての対応が考えられる。
- c　資料3から読みとれる考え方に基づくと，授業料以外の就学ないし修学にかかる費用を無償にすることは，憲法によって禁止されていない。

①　a　　　　②　b　　　　③　c　　　　④　aとb
⑤　aとc　　　⑥　bとc　　　⑦　aとbとc　　　　　　　　　　　　　　　[　　　]

②Kさんは，試験勉強を契機に，権力分立や，国民の政治参加に関心をもつようになり，今度の国政選挙では，政策をよく考えて投票しようと思った。そこで，Kさんは，政党Xと政党Yが訴えている主要政策を調べ，それぞれの政党の違いを明確化させるために，現代社会の授業で習った知識を基にして，二つの対立軸で分類した。政党Xと政党Yは，下の図のア～エのいずれに位置すると考えられるか。その組合せとして最も適当なものを，下の①～⑥のうちから一つ選べ。

（大学入学共通テスト（現代社会）・2021年第1日程）

【政党Xの政策】	【政党Yの政策】
・二大政党制を目指した選挙制度改革を約束します。 ・地域の結束と家族の統合を重視し，まとまりのある社会を維持していきます。	・多党制を目指した選挙制度改革を約束します。 ・個々人がもつ様々なアイデンティティを尊重し，一人一人が輝ける世界を創っていきます。

図　政策から読み取れる政党の志向性

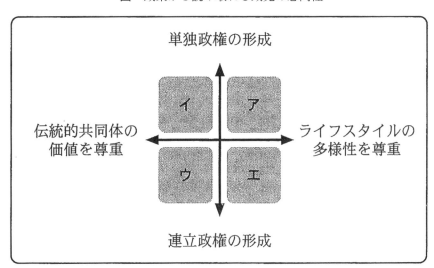

①	政党X―ア	政党Y―ウ	②	政党X―イ	政党Y―エ
③	政党X―ウ	政党Y―ア	④	政党X―エ	政党Y―イ
⑤	政党X―ア	政党Y―イ	⑥	政党X―イ	政党Y―ア

〔　　　〕

●「経済」や「お金」に関する疑問を具体的にあげてみよう。

1 経済主体と経済活動の意義

教科書　p.102〜103

>>> **経済活動**
生産…財・サービスを作り
　　　だす行為。
分配…財・サービスや貨幣
　　　が分けられること。
消費…財・サービスを購
　　　入・使用して，欲求
　　　を満たす行為。
これらの経済活動の仲立ち
となるものが貨幣である。
そして，財・サービスと貨
幣が経済主体間で交換され
循環していく一連の流れ
を，経済循環という。

>>> 【④】
家庭に代表される，生計を
営む最小の経済主体（単身
者も含まれる）。
（→歴p.102❶）

>>> **資源**
石油や土地などの天然資源
のほか，労働力や技術，情
報，時間なども資源に含ま
れる。（→歴p.102❷）

>>> **経済活動の意義**
あるものを選択したら，ほ
かのものは選択できないト
レード・オフの関係におい
て選択をした結果，機会費
用が発生する。この機会費
用とは，選ばなかった選択
肢が与えてくれたであろう
価値をあらわしたもので，
各人がより多くの満足を得
るため（効率性の追求）の選
択をおこなう基準となって
いる。

人間と経済活動

〔①　　　　　〕…形のある生産物　（例）食料，衣類など

〔②　　　　　　　　〕…形のない生産物　（例）医療，輸送など

経済…財やサービスを生産，流通，消費していく一連の過程

　　　＊〔③　　　　　　　　〕…土地，労働力，資本

　　　生産は1人ではできない→経済は人々の分業と交換を通じて営まれる

経済主体と経済循環

経済主体…経済活動の担い手となるもの

〔④　　　　　〕…労働力の提供で賃金・給与の獲得，事業で所得

〔⑤　　　　　〕…労働力をもとに財やサービスの生産

　　　　　　　→利益（利潤）の獲得

〔⑥　　　　　〕…税金を財源に公共財の提供，

　　　　　　　　経済の安定や成長をはかる政策の実施

三つの経済主体のやりとり＝〔⑦　　　　　　　　〕

経済活動の意義

資源には限りがある→どのように〔⑧　　　　　〕するかが問題

[家計の場合]

限られた所得（お金）をどのように配分し，最も満足を得るか

[企業の場合]

利益を最大にするため資金，原材料，人材をどのように配分するか

[政府の場合]

限られた税収をどのように配分し，福祉を向上させるか

〔⑨　　　　　　　　　〕

　　…あるものを選択すると他のものは選択できない関係

　　　→効率的配分が必要とされる

効率性の追求←みんなの所得や待遇は同じにならない

⇕　　　効率性と公平性のバランスをとる必要性

公平性の追求

MEMO

Check　1財を次の①・②のように配分した場合，効率性と公平性はどう対立するのか，以下の文章の〔 ア 〕・〔 イ 〕に「必要」または「不必要」の語句を書きなさい。

　　①高値で購入できる人に多く配分　　　②すべての人に等しく配分

　　①の場合を考えると，その財を〔ア　　　　　　〕な人が高い価格で購入すると想定される。また②の場合を考えると，その財を〔イ　　　　　　〕な人にも配分されると想定される。

2次の各文が「高値で購入できる人に多く配分」の特質を表現する場合は①を，「すべての人に等しく配分」の特質を表現する場合は②をそれぞれ選びなさい。

　a. 公平性の面は達成されるが，効率性の面は達成されない。　　　　　　　　　　　□
　b. 効率性の面は達成されるが，公平性の面は達成されない。　　　　　　　　　　　□

Try　三つの経済主体のうち，どの経済主体が効率性の他に公平性という視点をもつだろうか。

2 経済社会の変容

>>> **市場経済**
資本主義経済の根本的なしくみ。商品の生産量や価格は，市場における自由競争を通して決定される。

>>> **産業革命**
道具から機械への労働手段の変革により，小さい手工業的な作業場から機械設備による大工場へと発展し，資本主義的生産を確立した技術的，経済的変革。
（→圀p.104❶）

>>> **世界恐慌**
ニューヨーク株式市場の株価暴落にはじまる恐慌は，世界の資本主義諸国に波及した。この恐慌で，アメリカの国民所得はそれまでの約2分の1に落ち込み，失業者は約1300万人にのぼった。（→圀p.104❷）

>>> **〔⑦〕の具体例**
公共事業によるテネシー川流域開発，農産物価格の維持，社会保障制度の設立などをおこなった。
（→圀p.104❸）

>>> **〔⑧〕の原理**
貨幣支出をともなう（購買力のある）需要。ケインズは，国全体の生産量・雇用量は〔⑧〕量によって決まること，そして自由放任経済のもとでは，〔⑧〕量が労働者全員を雇用できる量（完全雇用）に達しない可能性があることを示した。
（→圀p.105＊2）

>>> **〔⑩〕の政策**
1980年代にイギリスのサッチャー政権やアメリカのレーガン政権は，市場の自動調整を重視した自由化政策を推進した。
（→圀p.105❹）

資本主義経済の成立と変容

[成立] 18世紀後半の産業革命（イギリス）以降，19世紀に確立

[特徴] 〔①　　　　　　　　　　　　〕…個人や私企業の利益追求が経済の原動力

　　　　〔②　　　　　　　　　　　　〕…機械設備など生産手段を個人や

　　　　　　　　　　　　　　　　　　　企業（資本家）が所有

　　　　〔③　　　　　　　　　　　　〕…労働者自らの労働力を売り賃金を得る

【資本主義の変遷】

●19世紀中ごろまで…繊維産業中心に小さな企業による自由競争

　　　　　　　　…政府は経済に介入しない〔④　　　　　　　〕主義

　　　　　（レッセ・フェール）＝小さな政府

　　　　　イギリスの経済学者〔⑤　　　　　　　　〕の主張

　　　　　市場での自由競争で経済が調整され社会の富が増える

　　　　　「〔⑥　　　　　　　　　〕」によって導かれる

●世界恐慌の発生…1929年それまでに例のない深刻な不況

[対応策] アメリカのローズベルト大統領による

　　　　〔⑦　　　　　　　　　　　　〕

　　　　イギリスの経済学者ケインズによる〔⑧　　　　　　〕の原理

　　　　　…政府の政策的介入による景気と雇用の安定化

　　　　　＝〔⑨　　　　　　　　　〕

　　　　　　　→政府の経済活動が一定の比重を占める混合経済体制

　　　　　　　＝大きな政府

●1970年代の二度の石油危機

　→低成長，財政赤字が問題化するなか，〔⑩　　　　　　　　　〕が登場

　　→政府事業の民営化で財政規模の縮小，規制緩和で経済の活性化

　　　＊社会保障の縮小，経済格差の拡大化という批判も

　→経済の効率性と公平性のバランスを保つ思想と政策が求められる

社会主義経済の形成と変容

[提唱者] マルクス（ドイツ）

[特徴] 〔⑪　　　　　　　　　　　　〕

　　　　…個人や私企業による利潤追求の自由を認めない

　　　　…生産手段は社会全員の共有物

　　　　〔⑫　　　　　　　　〕

　　　　…政府の計画に基づき，生産品目や生産量を決定

[採用国] 第二次世界大戦後のソ連や東欧諸国，中国

1989年　東欧の社会主義体制崩壊 ｝計画経済から市場経済へ
1991年　ソ連解体

＊中国は〔⑬　　　　　　　　　　〕へ移行

　→改革・開放政策により沿岸部に経済特区を設ける，など

グローバリゼーションの進展

旧社会主義圏への市場経済の広がり，発展途上国の市場経済化

〔⑭　　　　　　　　　　　　　　　〕

　　…ヒト・モノ・カネが国境をこえ，世界をかけめぐる時代

　　〔影響〕　○ 個人や企業の活動が世界に広がる

　　　　　　　× 先進国と発展途上国間の経済格差の拡大

MEMO

Check 資料読解　①教科書p.104の資料**1**「資本主義と社会主義の変遷」および教科書本文を参考にして，次の各文は下のa〜dの経済のどの段階の説明文となるか答えなさい。また，その各段階が，効率・自由を重視する経済（考え方）の場合はAを，公平・平等を重視する経済（考え方）の場合はBを解答欄の右側の（　）に書きなさい。

①　1970年代以降の財政赤字に対し，民営化や規制緩和を唱え「小さな政府」を求めた。

②　マルクスが貧富の格差や恐慌に資本主義の矛盾を見出し，これにかわる政治経済思想として提唱した。

③　18世紀から19世紀にかけての資本主義であり，市場による調整や自由放任主義を特徴とする。

④　それまでの自由放任主義を改め，政府の政策的介入による景気と雇用の安定化をはかる考え方。

a.産業資本主義 ☐（　　）　b.修正資本主義 ☐（　　）　c.新自由主義 ☐（　　）

d.社会主義経済 ☐（　　）

②教科書p.105 Activeの右図「政府の規模と公務員の割合の国際比較」で，日本は他の先進諸国と比較するとき，①労働力人口に占める公務員の割合および②一般政府支出の対GDP比を考えて，大きい政府といえるか小さな政府といえるか。あなたの考えとその理由を書きなさい。

小さな政府　／　大きな政府
（理由）

>>> **市場の種類**
財・サービスが取引される市場を財(商品)市場，労働力が取引される市場を労働市場，資金の貸し借りなどがおこなわれる市場を金融市場という。(→啓p.106❶)

市場の働き

市場…売り手(生産者)と買い手(消費者)が交換をおこなう場

　→市場における自由な取引を通じて，商品の価格や生産量が決まる

需要・供給と価格の関係

商品の価格	消費者	生産者
[①　　　　　]とき	あまり多く買わない	たくさん作ろうとする
[②　　　　　]とき	たくさん買おうとする	あまり多く作らない

　[③　　　　　　　]…供給＞需要，[④　　　　　　　]…需要＞供給

　需要量と供給量のバランスがとれた価格＝[⑤　　　　　　　]

　商品の価格を[⑤]へ導く市場の性質

　＝[⑥　　　　　　　　](市場の自動調整作用)

独占と寡占

市場の効率性…均衡価格のもとで財やサービスを過不足なく利用(競争前提)

[⑦　　　　　　　　]…価格が下がらないように企業同士で取り決める

　　　　　　　　＝[⑥]が発揮されない

[⑧　　　　　　]による禁止，[⑨　　　　　　　]が監視

　19世紀後半〜…産業の中心が軽工業から重化学工業へ

　　　　　→規模の経済のもと，少数の大企業が市場を支配

[⑩　　　　　]…市場に企業が数社存在，[⑪　　　　]…市場に企業が1社存在

【独占・寡占市場での価格】

優位にある企業が[⑫　　　　　　　　　　](価格先導者)となり

価格を決定　→　その価格に他社が従い，価格競争が回避される

　　　　　＊固定的になった価格＝[⑬　　　　　　　]

　　　　　＝[⑭　　　　　　　　]…価格が下がりにくくなる

　　　　　→[⑮　　　　　　　]の激化…広告・宣伝，付属サービスなど

>>> **[⑧]**
公正かつ自由な競争を促進することによって，消費者の利益を確保することを目的とする。(→啓p.108❶)

情報の非対称性

市場メカニズムの適切な機能…売り手と買い手の双方が情報を偏りなくもつ必要→企業の側に情報が偏る傾向([⑯　　　　　　　　])

外部性

外部性問題…市場の外部で生ずる経済問題。市場メカニズムで調整できない

[⑰　　　　　　　]…環境破壊など不利益が生ずる場合

[⑱　　　　　　]…利益が生ずる場合

>>> **[⑱]の例**
ミツバチの飼育が近隣果樹園での受粉を助ける，駅に特急が停車するようになり，駅舎が大きくなったり乗降者も増えたりする，など。(→啓p.109❸)

公共財の供給

[⑲　　　　　　]… 道路や公園などの財，教育や警察，消防などのサービス

　→民間企業では(市場では)提供できないので，政府が財政活動で供給

[⑳　　　　　　]…市場メカニズムの限界

　…政府の対応，NPOやボランティア活動の取り組みが必要

>>> **[⑲]の性質**
道路や公園などは，同時に多くの人が利用でき(非競合性)，料金(税金)を払っていない人の特定が困難であるため，そうした人だけ利用停止にすることは難しい(非排除性)という性質をもつ。(→啓p.109❹)

- -

- -

- -

- -

- -

- -

- -

- -

- -

Try 需要曲線が左側にシフトする場合と供給曲線が右側にシフトする場合のそれぞれについて，A群とB群から最も適当な文を選びその番号を書きなさい。

A群 ①需要が全体的に増加している　②需要が全体的に減少している

③供給が全体的に増加している　④供給が全体的に減少している

B群 ⑤需要曲線と供給曲線の交点は左上に移動　⑥需要曲線と供給曲線の交点は左下に移動

⑦需要曲線と供給曲線の交点は右上に移動　⑧需要曲線と供給曲線の交点は右下に移動

需要曲線が左側にシフトする場合…A群 ☐　B群 ☐

供給曲線が右側にシフトする場合…A群 ☐　B群 ☐

Opinion 市場の効率性と公平性はどのように調整されるべきかという点に関して，教科書には二つの意見が紹介されている。「所得を失った人…」からはじまる意見をA，「困った人…」からはじまる意見をBとして，効率性を重視する意見はA，Bのどちらか。また，あなたはA，Bのどちらの意見が妥当と考えるか，およびその理由を記しなさい。

効率性を重視する意見… ☐　　あなたが妥当と考える意見… ☐

(理由)

Active 独占禁止法などによる企業活動の規制の是非について，以下の文章を参考にあなたの意見を書きなさい。

　かつて自由競争の時代には公正な取引と自由な競争は国の企業への規制なしに成り立っていた。しかし寡占・独占が成立すると価格競争が回避される傾向が現れる。すなわち寡占・独占の企業活動を自由（無規制）にすると公正な取引と自由な競争が阻害されることが起こる。寡占・独占企業への無規制を重視するか，公正な取引と自由な競争を重視し独占禁止法などによる規制を重視するかの選択が迫られる。

企業の種類

2006年施行の会社法により，有限会社は株式会社に統合，合同会社が新設された。また株式会社設立時の最低資本金規制が撤廃され，資本金1円での起業が可能となった。
（→📖p.110資料■）

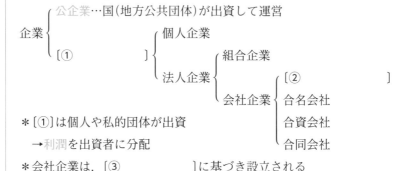

＊〔①〕は個人や私的団体が出資
　　→利潤を出資者に分配

＊会社企業は，〔③　　　　　　　〕に基づき設立される

株式会社

【会社企業の違い】

合名会社…家族や知人で出資し，出資者が経営（小さな商店などに多い）
　　　　…倒産時は負債をすべて引き受ける＝〔④　　　　　　　〕
株式会社…資本金を小口の株式に分け，多くの人から出資を募る
　　　　…出資者＝〔⑤　　　　　　〕は出資額に応じて〔⑥　　　　　〕を受ける
　　　　…倒産時は出資金を失うのみ＝〔⑦　　　　　　　〕
　　　　＊少額の投資，有限責任で出資しやすい

【株主と株式会社の関係】

株主は〔⑧　　　　　　　　　　〕に参加し，所有する株式数に応じて議決権を行使する
　・経営者（取締役）などを選出・解任，経営を委託
　　＝〔⑨　　　　　　　　　　〕
　・定款（株式会社の基本事項）の変更，会社の吸収合併，会社の解散

>>> 〔⑧〕の役割
〔⑧〕は株式会社の最高決定機関で，会社事業の基本方針を決定する。

企業の変容

〔⑩　　　　　　　　　　　　　〕（複合企業）
　…経営の多角化をはかり異なる業種の会社を吸収・合併（M&A）
　…他の会社の株式を保有し，経営の統合をはかる持株会社
〔⑪　　　　　　　　　〕…各国に支社をもち，世界規模で経営

【経営を管理する考え方】

企業の複雑化や大規模化→会社経営の実態を見えにくくする
〔⑫　　　　　　　　　　　　　　　　〕（企業統治）
　…株主の利益に反しないよう経営を管理・監督
〔⑬　　　　　　　　　　　　　〕
　…経営内容を公開し，透明性を高める
＊株主への利益配当が優先される→従業員の賃金や雇用が不安定になる傾向

>>> 持株会社
1997年の独占禁止法の改正で持株会社が解禁されたことにより，金融・通信・流通などの分野で企業の再編が進行している。
（→📖p.111❷）

企業の社会的責任

〔⑭　　　　　　　　　　　〕＝CSRを問う声の高まり
　…企業を利害関係者（ステークホルダー）に対して意義ある存在にする
　　←企業の責任や義務のあり方を問い直す

```
株式会社 ←――――→ 利害関係者(ステークホルダー)
                …経営者，取引先企業，地域住民，
                  出資者(株主)，労働者，消費者
        法令遵守＝〔⑮                              〕の徹底，
                  従業員の待遇改善，地域への貢献，環境への配慮
```

MEMO

Check 資料読解 教科書p.110の資料❷「株式会社の主なしくみ」および教科書本文を参考にして，株主と取締役(経営者)との関係を確認し，次の文章の〔ア〕～〔カ〕に入る適語を書きなさい。

　　　株式会社に〔ア　　　　　　〕する人を株主という。株主は出資額に応じて〔イ　　　　　〕を受け取る。株主は〔ウ　　　　　　　〕に出席し，専門の経営者〔エ　　　　　　〕を選任し，経営を委託する。株式会社の所有権は株式の所有者(株主)に帰するので，所有者と経営者は異なることになる。こうしたことを〔オ　　　　　　　　　〕という。〔ウ〕では〔エ〕の選任・解任の他に，監査・調査を担当する〔カ　　　　　　〕の選任・解任もおこなう。

Active 企業が従業員をはじめ，消費者や地域社会などに対してどのような責任を果たすべきだろうか，話しあってみよう。

自分の考え	従業員に対し果たすべき責任：
	消費者に対し果たすべき責任：
	地域社会に対し果たすべき責任：
他の人の考え	従業員に対し果たすべき責任：
	消費者に対し果たすべき責任：
	地域社会に対し果たすべき責任：

GDP・GNI

経済全体の活動水準をはかる指標

- GDP（国内総生産）

  …1年間に〔①　　　　　〕で生産された生産物の価格

  　－原材料費など〔②　　　　　　　　〕の価格

  　　＝〔③　　　　　　　　〕（新たに生みだされた価値）の合計

- GNI（国民総所得）

  …国内総生産＋〔④　　　　　　　　　　〕

- 国内純生産（NDP）

  …国内総生産 －〔⑤　　　　　　　　　〕

- 国民所得（NI）

  …国民総所得－固定資本減耗－（〔⑥　　　　　　　〕－〔⑦　　　　　　　〕）

  　　　　　　　　　　　＊市場価格は間接税分だけ高く，補助金分だけ低い

【Quiz】次のうち，日本のGDPに含まれるものは？

①　東京で働く米国人Aさんの所得

②　ニューヨークで働く日本人Bさんの所得

③　北京で働く米国人C＆Aさんの所得

【国民所得の三面等価】

生産されたものは誰かに分配され，消費される

→三つは理論的に等しくなる＝〔⑧　　　　　　　　〕の原則

1国内で1年間に生産された生産物の価格	
国内総生産（GDP）	〔②〕
国内純生産（NDP）	〔⑤〕
国民総所得（GNI）	〔④〕
国民所得（NI）	〔⑥〕－〔⑦〕

》》》GNI

2000年に，それまで利用されていたGNP（国民総生産）にかわってGNIが導入された。どちらも値としては同じ（等価）だが，GNPが付加価値合計をそのままあらわしていたのに対して，GNIは所得の側からとらえた指標という違いがある。（→教p.116＊1）

》》》〔⑤〕

機械や建物などの価値が，通常の生産活動のなかで減少していくこと。

MEMO

問 次の図を見て，以下の設問に答えなさい。

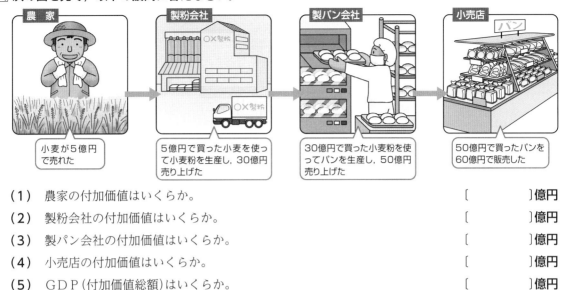

農　家	製粉会社	製パン会社	小売店
小麦が5億円で売れた	5億円で買った小麦を使って小麦粉を生産し，30億円売り上げた	30億円で買った小麦粉を使ってパンを生産し，50億円売り上げた	50億円で買ったパンを60億円で販売した

(1) 農家の付加価値はいくらか。　　　　　　　　　　　　　　　〔　　　　　〕億円

(2) 製粉会社の付加価値はいくらか。　　　　　　　　　　　　　〔　　　　　〕億円

(3) 製パン会社の付加価値はいくらか。　　　　　　　　　　　　〔　　　　　〕億円

(4) 小売店の付加価値はいくらか。　　　　　　　　　　　　　　〔　　　　　〕億円

(5) ＧＤＰ（付加価値総額）はいくらか。　　　　　　　　　　　〔　　　　　〕億円

Check 資料読解 教科書p.116資料**1**「国民所得の相互関連」 支出国民所得で最も大きい割合を占めるものを書きなさい。

最も大きい割合を占めるもの 　　　　　　　　　

Try ＧＤＰ（国内総生産）からＮＩ（国民所得）を算出することを説明する次の文章の〔 ア 〕～〔 オ 〕に適語を書きなさい。

　ＧＤＰは，１年間に国内で新たに生みだされた価値の合計である。新たに生みだされた価値を〔ア　　　　　　〕という。ＧＤＰは１年間に国内で生産された生産物の価格から，原材料費などの〔イ　　　　　　〕を差し引いた〔 ア 〕の合計として求められる。これに対し，日本の国民や企業が国の内外で生みだした付加価値の合計を〔ウ　　　　　　〕（国民総所得）という。

　ＧＤＰやＧＮＩには，製造過程で機械などが消耗しその価値の一部を失った分〔エ　　　　　　〕が含まれている。ＧＤＰ・ＧＮＩの定義「新たに生みだされた価値」ということから〔 エ 〕を差し引く。

　また財・サービスの価格には、消費税などの〔オ　　　　　　〕が含まれていて価格を高くしており，また補助金が出ている場合は価格を安くしている。このため，ＧＮＩから〔 エ 〕を差し引き，〔 オ 〕と補助金を調整した指標がＮＩ（国民所得）である。

>>> **設備投資**
機械設備の増設や工場規模の拡大など，生産を拡大させる目的でおこなわれる投資。

>>> **技術革新**
（イノベーション）
オーストリアの経済学者シュンペーター（1883〜1950）は，資本主義経済を発展させる原動力として，競争がもたらす技術革新の役割を重視した。
（→教 p.118 ❶）

>>> **物価**
財・サービス価格の平均値のこと。消費財の物価は消費者物価指数で，機械設備や原材料費など，生産活動に関係する財の物価は，企業物価指数であらわされる。（→教 p.118 ＊2）

>>> **物価と景気の関係**
好況期には［⑥］が，不況期には［⑦］が生じやすい。

>>> **対外純資産**
一国の政府・企業・個人が外国に保有している資産から，外国が国内に保有している資産を差し引いた金額のこと。

経済成長と景気変動

経済成長…ＧＤＰの値が大きくなること

　　　　　　［①　　　　　　　　　］…物価の変動を含むＧＤＰ

　　　　　　［②　　　　　　　　　］…物価変動の影響を取り除いたＧＤＰ

［③　　　　　　　　　］…ＧＤＰの１年間の増加率

　名目経済成長率…物価の変動を含めた成長率

　実質経済成長率…物価の変動を取り除いた成長率

【経済成長をもたらす要因】

❶企業の設備投資（資本蓄積）…新技術の登場→設備投資→生産活動の活発化

❷一定の教育，技能水準をもつ労働者の存在…企業の安定した生産活動

❸所得分配の公平性…労働者の所得増加→需要の増加

【景気変動】

［④　　　　　　　　　］

　　…経済活動が活発になったり低迷したりするのを繰り返すこと

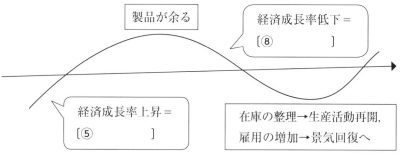

製品が余る

経済成長率低下＝［⑧　　　　　　　］

経済成長率上昇＝［⑤　　　　　　　］

在庫の整理→生産活動再開，雇用の増加→景気回復へ

生産と雇用が増加し，需要が供給を上回ることによる物価の上昇

　＝［⑥　　　　　　　　　　　　］

生産と雇用が縮小，物価が下がり続ける

　＝［⑦　　　　　　　　　　　　］

景気変動の四局面と波動の種類

名称	周期	主な要因
キチンの波（短期波動）	約４年	［⑨　　　　　　　］の変化
ジュグラーの波（中期波動）	約10年	［⑩　　　　　　　　　］の変動
クズネッツの波	約20年	住宅や［⑪　　　　　　］などの立て替え
コンドラチェフの波（長期波動）	約50年	［⑫　　　　　　　　　］，資源の大規模な開発

フローとストック

［⑬　　　　　　　　　］…ある一定期間の経済活動の流れ

［⑭　　　　　　　　　］…ある一時点で計測できる資産の蓄積量

［⑮　　　　　　　］…代表的な［⑭］の指標

　　　　…土地や建物など有形資産と対外純資産を合計したもの

社会資本…[⑮]のうち，道路，鉄道，上下水道など

　　　　人々が共通して利用するもの

　　　…日本では，生産関連社会資本に対し，

　　　　生活に直結する社会資本の整備が立ち遅れる

豊かさとGDP

[⑯　　　　　　　　　　　　　]…ＧＤＰ÷人口数

　　…国民の平均的な経済的豊かさを示す

【GDPの限界】

ＧＤＰは市場価格で算出される＝自然環境の破壊は市場価格で計算できない

MEMO

---

1 GDP以外の経済指標に関する次の文章の〔　ア　〕〜〔　カ　〕に適語を書きなさい。

　　ＧＤＰという指標には市場価格を持たない限り反映されないという限界がある。このようなＧＤＰの限界を受けて新たな指標も開発されている。たとえばNNW（〔ア　　　　　　　　　　〕）は〔イ　　　　　　〕や自由時間をプラス要因に，〔ウ　　　　　　　　〕などをマイナス要因としてＧＤＰに加算する。また経済活動が環境に及ぼす影響を反映させようとする指標の〔エ　　　　　　　　　　〕では，ＧＤＰから〔オ　　　　　　　　〕などを差し引いている。さらに，経済的側面や環境的側面のほかに〔カ　　　　　〕や社会的不平等といった社会的側面も考慮した持続可能性指標などがある。

2 経済的な豊かさと幸福との関係を，上記 **1** の問題も踏まえて考えてみよう。

金融とは

金融…資金を融通しあうこと

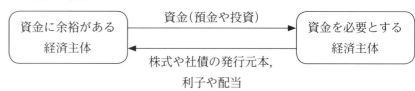

[① 　　　　　　　]…会社が資金を調達するために発行する債券

　…一定期日までに返済する義務がある＝[② 　　　　　　　　]

>>> **公債**
国や自治体が発行する債券。
(→圀p.121 ❶)

>>> **自己資本・[②]**
株式で集めた資金は企業の自己資本になるが，社債の発行や借り入れで集めた資金は，他人資本であり，元本の返済や金利負担が必要となる。(→圀p.121 ❷)

金融市場

[③ 　　　　　　　　]…貸し手と借り手の間で，資金が取引される市場

短期金融市場…１年未満の資金取引(コール市場など)

長期金融市場…１年以上の資金取引(株式市場，公社債市場)

　　＊資金の需要と供給は，利子率の変動で調整する

銀行と信用創造

【銀行など金融機関の役割】

・資金の貸し借りの仲立ち…預金と貸出(融資)

・[④ 　　　　　　　](預金創造)

　…預金と融資のくりかえしで，預金通貨を作りだす機能

　→社会全体の通貨量＝[⑤ 　　　　　　　　]の増加

>>> **[④]額**
作り出された預金通貨の総額から最初の預金額を引いたものが，信用創造額(信用創造によって増えた金額)となる。

証券会社と保険会社

[⑥ 　　　　　　　　]…株式などの有価証券売買を仲立ち

[⑦ 　　　　　　　]…保険料を株式投資などに運用

→ともに，金融機関としての役割も担う

間接金融と直接金融

[⑧ 　　　　　　　]…銀行などの金融機関が間に入っておこなわれるもの

[⑨ 　　　　　　　]…企業が株式や社債を発行し，

　　　　　　個人や企業から直接資金調達をおこなうもの

【証券市場の特性】

業績のよい会社に資金が集まる

→経済の効率性が高まる一方，株価の極端な変動で証券市場が混乱する危険性も

>>> **護送船団方式**
船団が最も遅い船に速度を合わせるように，弱小の金融機関でも破たんしないようにする競争規制。
(→圀p.121 ❸)

>>> **日本版金融ビッグバン**
1990年代後半からは，金融の国際競争力を強化するために日本版金融ビッグバンが実施され，国際金融取引の自由化など一層の規制緩和が進められた。
(→圀p.121 ❹)

金融の自由化と国際化

日本の金融制度は欧米に比べて規制が厳しいとされてきた

　→金融の国際化を背景に，

　日本でも[⑩ 　　　　　　　　]が進められた

[⑪ 　　　　　　　]完全実施(2005年)

　…金融機関破たんの際の預金払い戻し制度

　…一つの金融機関につき，元本1000万円とその利子までを保護

MEMO

Check 資料読解 教科書p.120の資料**2**「マネーストックの内訳」 現金通貨および預金通貨の割合を書きなさい。

現金通貨の割合 [　　　] %　　預金通貨の割合 [　　　] %

Try 直接金融と間接金融にはそれぞれどのようなメリットとデメリットがあるのか，調べてみよう。

	メリット	デメリット
直接金融		
間接金融		

中央銀行の働き

中央銀行…政府から独立して物価の安定をはかる銀行

…日本の中央銀行は〔①　　　　　　　　　〕(日銀)

【日本銀行の役割】

「〔②　　　　　　　　　　　〕」…市中銀行から預金を預かり，資金を貸し出す

「〔③　　　　　　　　　　　〕」…政府資金の出し入れ

「〔④　　　　　　　　〕」…紙幣(日本銀行券)の発行

【通貨制度の変化】

〔⑤　　　　　　　　　〕…金の保有量に基づいて通貨を発行する

　　　　　　　　　　…紙幣はいつでも金と交換できる兌換紙幣

〔⑥　　　　　　　　　〕…国の信用に基づいて通貨を発行する

　　　　　　　　　　…紙幣は金との交換性をもたない不換紙幣

　　　　　　　　　　…供給量は中央銀行が政策的に調整

金融政策

金融政策の目標…通貨量の調整で景気や物価の安定をはかる

　[不況期]　　　通貨供給量を増やし金利を下げる

　　　　　　　　＝〔⑦　　　　　　　　〕

　[景気の過熱期]　通貨供給量を減らし金利を上げる

　　　　　　　　＝〔⑧　　　　　　　　　〕

　金融政策の中心的な手段

　…〔⑨　　　　　　　　　　〕(オープン・マーケット・オペレーション)

　[調整の対象]　政策金利＝〔⑩　　　　　　　　　　　〕の誘導

　[調整の方法]　民間の金融機関との間で国債などを売買して通貨供給量を調整

【公開市場操作のしくみ】

　[不況期]　〔⑪　　　　　　　（　　）　　　　　　　　　〕

　　　　　　…日銀が銀行など金融機関のもっている国債などを買い入れて

　　　　　　　代金を支払い，金融市場で流れる資金量を増やす

　[景気の過熱期]　〔⑫　　　　　　（　　）　　　　　　　　〕

　　　　　　…日銀が銀行など金融機関に国債などを売却して

　　　　　　　資金を回収し，金融市場で流れる資金量を減少させる

【近年の景気後退期の金融政策】

　〔⑬　　　　　　　　　〕(1999年〜)

　…無担保コールレートを０％に近づける政策

　〔⑭　　　　　　　　〕(2001年〜)

　…金融機関が貸し出し用資金を十分にもつよう，

　　　金利がゼロになっても，金融市場に資金を供給する政策

〉〉〉**その他の金融政策**
以前は，**公定歩合操作**が金融政策の中心であった。公定歩合とは，日銀が市中銀行に貸し出しをおこなう際の金利のこと。また，市中銀行が，日銀に預金の一定割合を支払準備金として預ける割合(預金〈支払〉準備率)を上下させる**預金準備率操作**も，1991年10月以降おこなわれていない。
(→國p.124❷)

〉〉〉〔⑩〕(翌日物)
金融機関どうしが担保なしで短期資金を貸し借りする取引での，期間が翌日までの金利。(→國p.124＊1)

〉〉〉〔⑪〕
金融市場で流れる資金量が増えると金融機関に資金の余裕が生まれて，無担保コールレートが下がる。銀行などは低い金利で資金を調達できるようになるため，貸出金利が低下し，企業などは資金調達がしやすくなり，設備投資や消費が増加する。

〉〉〉〔⑫〕
⑪とは逆の流れになるので，金融市場で流れる資金量が減ると無担保コールレートが上がり，貸出金利が上昇する。企業などは資金調達がしにくくなり，設備投資や消費が減少する。

〉〉〉**マイナス金利政策**
民間銀行が日銀に預ける預金(当座預金)の一部に対して，その金利をマイナスにする政策。2016年1月，日銀は追加的な金融緩和策として導入を決定した。
(→國p.124❺)

MEMO

---

⑮ 次の会話文中の，　ア　に当てはまる内容として適切なものを，下の①～④から一つ選びなさい。

先生：日銀は，公開市場操作で民間の金融機関との間で国債などを売買して通貨供給量を調整しています。たとえば，景気が過熱気味のときは，日銀は国債などを売って代金を回収することで，資金供給量を減らして金利を高めに誘導します。

ミキ：金利が上がれば，　ア　から，経済活動が抑制されるのですね。

先生：そういうことです。ただし，公開市場操作は，景気が過熱気味のときは，みんながお金を借りたがっているから，金利の引き下げは大きな効果を発揮しますが，不況になると，低金利にもかかわらず，資金需要が増えないことがあります。こうなると，金融政策は効果を発揮できません。

① 利子も増えるので，金融機関はよりお金を貸し出そうと考える
② 企業は設備投資や消費のためのお金を借りにくくなる
③ 金融機関は金利を低めに誘導しようとする
④ 市場で国債が売買されなくなる

☐

[Check] 資料読解 　教科書p.124の資料❶「公定歩合・コールレートと貸出約定平均金利の推移」　1985年からの景気後退期，1987年からの景気上昇期および1990年からの景気後退期の各々について，公定歩合や無担保コールレートはどのように推移しているか。それぞれ，上昇または下落のいずれかを書きなさい。

1985年からの景気後退期… ☐　　　1987年からの景気上昇期… ☐
1990年からの景気後退期… ☐

🖋 Try 　景気の変動と日本銀行の金融政策にどのような関係があるか説明した次の文章の〔 ア 〕・〔 イ 〕に適語を書きなさい。

　日本銀行は景気が悪いときは通貨供給量を増やし金利を下げるという〔ア　　　　　　〕を実施し，景気が過熱したときには通貨供給量を減らして金利を上げるという〔イ　　　　　　〕を実施する。

財政と財政政策

財政…政府がおこなう経済活動

[財政の機能]

❶[① 　　　　　　　　　　]機能…道路や公園などの公共財を供給

❷[② 　　　　　　　　　　　]機能…高所得者から低所得者へ所得の再分配

　[③ 　　　　　　　　　　　]…高額所得に高率の税を課す

　　　→税金を生活保護や雇用保険など社会保障給付にまわす

❸[④ 　　　　　　　　　]

[手段]裁量的(伸縮的)財政政策(＝[⑤ 　　　　　　　　　　　　　　　　　])

| 過熱期：増税や財政支出縮小→有効需要を減らし景気を減速させる |
| 不況期：減税や財政支出増加→有効需要を増やし景気の回復をはかる |

　　　自動安定化装置(＝[⑥ 　　　　　　　　　　　　　　])

　　　…制度に「あらかじめ組み込まれた(ビルト・イン)」もの

　　　…累進課税と社会保障給付による

| 過熱期：所得が増えると，累進課税のもとで税率は自動的に上がり，
　　　　　消費は抑制 |
| 不況期：税率は下がり，消費が増え景気は好転 |

＊財政政策と金融政策を組み合わせた政策＝[⑦ 　　　　　　　　　　　]

歳入と歳出

歳入…政府の収入(租税と公債金)　　　歳出…政府の支出

　[⑧ 　　　　　　　]予算：政府の一般的な活動に当てる

　[⑨ 　　　　　　　]予算：道路整備や年金など特別な事業に当てる

[⑩ 　　　　　　　　　]

　　…上記とは別に，生活環境整備や各種融資をおこなうもの

　　…規模の大きさから「第二の予算」ともいわれていた

租税の種類

【納め先の違いによる分類】

| [⑪ 　　　　　] | 中央政府の財源(所得税，法人税，相続税など) |
| [⑫ 　　　　　　] | 地方政府(地方公共団体)の財源(住民税など) |

【納め方の違いによる分類】

| [⑬ 　　　　　] | 納税者と実際の負担者が同じもの(所得税，法人税など) |
| [⑭ 　　　　　] | 納税者と負担者が異なるもの(消費税や酒税など) |

【公平な税負担のあり方】

[⑮ 　　　　　　]公平…所得の高い者ほど税の負担能力も高く，

　　　　　　　　　　　より納税額が大きいのが公平であるという考え方

[⑯ 　　　　　　]公平…同じ所得で担税能力のある場合には，

　　　　　　　　　　　同じ税額であるのが公平であるという考え方

【直接税と間接税の公平性】

直接税…垂直的公平○（例）累進課税制度で所得の多い人に高率の税

水平的公平×（例）自己申告のものが多く，申告漏れや脱税の可能性

間接税…水平的公平○（例）脱税などの問題が起きにくい

垂直的公平×（例）低所得の人ほど，所得に占める税負担の割合が高い

＝逆進性

MEMO

Check 資料読解 ①**教科書p.126の資料■「累進課税制度」 課税所得が600万円の場合いくらとなるか計算してみよう。**

式 _____ ☐ 円

②**教科書p.126の資料■「一般会計の歳入・歳出の比較」 ①大きく増えた歳出項目は何か，確認してみよう。②その項目が増えたのはなぜか，教科書p.160の内容や資料■「人口の高齢化とその重み」を見て考えてみよう。**

①	②

③**教科書p.127の資料■「消費税と所得税の特徴」 ①所得に応じて，公平な税負担になりやすいのはどちらの税か。②税金を漏れなく集めやすいのはどちらの税金だろうか。**

①	②

Try **財政の意義を人間の尊厳や平等，公正の観点から考えてみよう。**

税制改革の動向

税制改革

…経済や社会の実情にあわせ，税率変更や租税の新設・廃止をおこなうこと

[例]消費税導入と所得税減税（累進税率の変更）

消費税…1989年：3％→97年：5％→2014年：8％→2019年：10％

→租税における直接税と間接税の比率＝[① 　　　　　　　　]をかえた

【議論の方向性】

[② 　　　　　　　]の増税議論

背景…社会保障関係費の財源確保（税制と社会保障の総合的な改革）

[③ 　　　　　　　]の減税議論

背景…企業の設備投資促進，国際競争力強化

→財政危機のなか税収不足の懸念も

財政危機と財政構造改革

[④ 　　　　　　]…歳入の不足分を補う国の借金

[⑤ 　　　　　　　　]…道路や港湾の建設など投資的経費に当てる

（財政法第4条に規定）

[⑥ 　　　　　　　　]…人件費など一般的な経費に当てる

（毎年，特例法を制定して発行＝特例国債）

＊第1次[⑦ 　　　　　　　　]後の税収不足を補うために特例国債が

認められた（1975年）→その後急激に国債発行額が増加

【日本の財政の特徴】

[⑧ 　　　　　　　　　]（歳入に占める国債の割合）が高い

歳出に占める国債費（国債の元金・利子など支払経費）の割合が高い

柔軟な財政政策ができない＝[⑨ 　　　　　　　　　　]

→財政構造改革が急務

[⑩ 　　　　　　　　　　　]を均衡させる必要

…基礎的財政収支。歳入・歳出のうち，

公債（国債）にかかわる部分を除いた収支

>>>**軽減税率**
消費税の増税にともなう，逆進性による負担感を緩和するため，特定商品の消費税率を軽減するもの。（→圀p.128❷）

>>>**その他の税制の整備**
東日本大震災の復興経費をまかなうための臨時増税（所得税など）や，地球温暖化防止のための地球温暖化対策税（環境税）導入などがおこなわれた。（→圀p.128❸）

>>>**[⑩]**
収支が均衡していれば，租税などの歳入だけで歳出をまかなうことができる。日本では，基礎的財政収支を黒字にすることが当面の課題（→圀p.128＊1）

Try 　①赤字国債の発行が急増した主な理由を教科書p.126の資料②「一般会計の歳入・歳出の比較」から考えてみよう。

（主な原因）

（そう考える根拠）

---

②教科書p.128の本文およびp.129を参考にして，以下の設問に答えなさい。

問1 「日本の財政が深刻な状況にある」というのはどういうことを意味しているか。次の文章の〔 ア 〕〜〔 オ 〕に適語を書きなさい。

　　日本の財政は〔ア　　　　　〕による収入で一般歳出をまかなえず，その不足分を〔イ　　　　　〕の発行などで補っている。その結果，〔 イ 〕の残高は増加を続けGDPの約〔ウ　　　　　〕倍に達している（2023年度末）。日本は外国に比べ〔 イ 〕依存度が高く，歳出に占める〔エ　　　　　〕の割合も高い。予算の多くが〔 イ 〕の返済に使われると，柔軟な財政政策ができなくなる。これを，〔オ　　　　　　〕という。

問2 国債で集めた資金を現在の世代がすべて消費に使う場合，恩恵と負担はどうなるか。

問3 建設国債のような使われ方をした場合，恩恵と負担はどうなるか。

第1章　この章の学習をまとめてみよう。

●日本の財政の課題を解決していくためにはどうすればよいか，自分なりに提案しよう。

☑ 振り返りチェック

● 時事ノート 国債累積問題

① 教科書p.129のグラフ「財政の歩み」の内容を読み取った次の文章の二つの〔　　〕に同じ数字を記入しなさい。

　　赤字国債の発行がゼロだったのは〔　　　　　　　〕年代初頭⇒急増したのは〔　　　　　　　〕年代後半から

② 教科書p.129の本文から，内容を読み取ろう。次の文章の〔 ア 〕〜〔 ウ 〕に数字を記入しなさい。

【増え続ける「借金」】

　　2023年度現在　国債残高〔ア　　　　　　　〕兆円　…　国民一人当たり約858万円

　　地方債を合わせた長期債務残高〔イ　　　　　　　〕兆円以上はGDPの約〔ウ　　　　　　　〕倍

【国債の累増はどんな問題を引き起こすか】

　　本文の内容と照らし合わせて，次の①〜④のうち正しいものをすべて選びなさい。

　　① 　国債返済用の税金を払うのは，将来の子どもたち，孫たちになる可能性がある。

　　② 　道路や港，公営病院は国債発行の資金を使わず，現役世代の税金でまかなうべきである。

　　③ 　国債残高が増え続けると，国債価格が暴落して金融市場を混乱させる危険性がある。

　　④ 　租税負担の不公平感が解消されてきており，国債返済問題と税負担との直接的な関係はない。

● 財政再建をどのように進めるべきか

　　教科書p.130の資料■「日本の税収と歳出の推移」と②「政府の総支出と租税収入の国際比較」を読み取ってみよう。

　問1　■から，一般会計歳出と税収の差が大きく開きだしたのは〔ア　　　　　　　〕年で，その差が最も大きかったのは〔イ　　　　　　　〕年である。　＊〔 ア 〕・〔 イ 〕に適切な年（5年刻み）を記入しよう。

　問2　②から，政府の総支出に対する租税収入の比率が最も大きい国は〔ア　　　　　　　　〕で，租税収入の比率が20％以下なのは〔イ　　　　　　〕とアメリカである。　＊〔 ア 〕・〔 イ 〕に国名を記入しよう。

Check 資料読解 ① 教科書p.130の，財政再建に関する四人の生徒の発言から，次の①〜③の主張に近い人物は誰か読み取ってみよう。

　　① 　歳出減が必要。とくに歳出で最大の割合を占めている社会保障費の削減をはかるべきである。

　　② 　歳入増を優先させ，そのために税金を上げるべき。増税にともない，社会保障を充実させる。

　　③ 　歳入増を優先させ，そのためには経済成長を実現して税収増をはかるべきだ。

　　　　　　　　　　　　　　　　　　　　　①〔　　　　　　〕　②〔　　　　　　〕　③〔　　　　　　〕

② 教科書p.131のグラフから，以下のことをチェックしてみよう。

③ 「歳出の推移」より，①2000年に上位3番以内に入っており，その後，横ばいである費目，また②2000年以降，下がっていった費目は何か，確認しよう。

　　　　　　　　　　　　　　　　　　　　　①〔　　　　　　　　〕　②〔　　　　　　　　〕

④ 「歳出の主な使途」を参考として，①公共事業費をさらに削減した場合，特に近年の気象状況を考えると，どのような弊害が生じるか指摘してみよう。

②地方交付税をさらに削減した場合，とくに過疎地域の立場を考えると，どのような弊害が生じるか指摘してみよう。

5「税目別にみた税収の推移」より，所得税や法人税の特徴に比べた消費税の特徴を指摘してみよう。

6「租税負担率の国際比較」より，すべての国で上位二つを占めている課税は何か，指摘してみよう。

〔　　　　　　　　と　　　　　　　　〕

Try　**1**あなたは，歳出減と歳入増のどちらを優先すべきだと考えますか。会話文や資料を参考にして，自分の意見をまとめてみよう。

①自分の立場は歳入増と歳出減のどちらですか

②自分の立場の根拠となる資料や，考え方を書いてみよう

2増税する場合，どの税の税率を上げるべきだと考えますか。また，増税の一方で，税の公平性という観点から税率を引き下げることも検討できる税もあるか，教科書p.126～128，131から根拠となる資料をあげながら話しあってみよう。

自分の考え	他の人の考え
①税率を上げるべき税	①
② ①の根拠となる資料を選んでみよう	②
③税率の引き下げを検討できる税	③
④ ③の根拠となる資料を選んでみよう	④

●「豊かさ」とは何だろう。自分なりに「豊かさ」を定義してみよう。

1 戦後日本経済の成長と課題

教科書　p.132〜133

>>> 民主化政策

・財閥解体…軍国主義を支える基盤と考えられた財閥の解体

・農地改革…小作制度を廃止し，農地を小作人に売却

・労働関係の民主化…労働三法（労働基準法，労働組合法，労働関係調整法）制定

>>> 高度経済成長の要因

・企業による海外技術の導入や，積極的な設備投資

・国民の購買力が向上したこと

・国民の高い貯蓄率
　→企業の設備投資資金に

・原油などの資源やエネルギーを安く輸入できた

・安価で質の高い労働力を確保できた

（→圀p.132❶）

>>> 戦後の日本経済

第1次産業の比重が低下し，第2次産業や第3次産業の比重が高まった（産業構造の高度化）。また，モノ（ハードウェア）の生産よりも知識や情報（ソフトウェア）の生産が中心となる，経済のソフト化，製造業に対してサービス業の比重が高まる経済のサービス化が進んだ。（→圀p.133❷）

>>> デフレ・スパイラル

90年代後半からは，物価の下落も進み，2001年，政府は戦後はじめてデフレ状態にあることを認めた。また，労働者の賃金抑制が消費需要を減退させ，物価が下落してさらに企業収益が悪化するデフレ・スパイラルも見られるようになった。（→圀p.133❸）

日本経済の復興と高度経済成長

GHQ（連合国軍総司令部）による民主化政策

　1946年　政府が［①　　　　　　　　　　　　］を導入

　　　　　　　　　→鉄鋼・石炭など基幹産業の生産力増強

　1956年　『経済白書』に「［②　　　　　　　　　　　　　］」との表現

　　　　　　1950年代後半〜70年代前半　年平均10％の成長

　→人々の所得の標準化　［③　　　　　　　　　　］へ

　　　→急速な経済成長による，［④　　　　　　　　］や過疎・過密などの社会問題

安定成長からバブル経済へ

　1973年　第1次［⑤　　　　　　　　　　　　］…原油価格が4倍に高騰

　　　　→翌年，戦後初のマイナス成長

　1979年　第2次［⑤］

　　　→日本経済は，二度の［⑤］を省エネ技術の開発，産業構造の転換，

　　　　経営の合理化などで乗り切る→1980年代，年率4〜5％の安定成長を実現

　　　　　　　　　　　＊アメリカとの間で深刻な貿易摩擦

　1985年　ドル高是正をはかる［⑥　　　　　　　　　　］

　　　→円高の進行，日本製品の輸出競争力が落ち円高不況に

　・円高是正のため超低金利政策の実施

　　　→資金が土地や株式など資産取引に吸収される

　　　　資産価値が経済の実態を離れて上昇＝［⑦　　　　　　　　　　］

バブル崩壊と長期不況

政府の地価抑制政策，日銀の金融引き締め

　→地価や株価が大きく下落（バブル崩壊）

　　→多くの企業が倒産，企業に融資していた金融機関は

　　　多額の［⑧　　　　　　　　　　］（回収不能となった融資資金）を抱える

【長期化する不況】

・金融機関が融資条件を厳しくする　＝［⑨　　　　　　　　　］

　　→中小零細企業の資金調達が困難に

・企業の人員整理も含むリストラクチャリング（組織再編）

　　→戦後最悪水準の失業率

1990年代の不況は「［⑩　　　　　　　　　　　］」と呼ばれる

構造改革と実感なき好景気

　1990年代　不況対策として積極的な財政支出→［⑪　　　　　　　　　］の発行急増

　　　　　　　→財政構造改革に着手

- ・行政経費の節約
- ・公的事業の〔⑫　　　　　　　　〕…日本道路公団や郵政3事業など
- ・〔⑬　　　　　　　　〕…企業間競争による経済活性化

　　→不況からの脱却と税収の安定確保をめざす

2002年～　戦後最長の好景気（2008年まで）

　→低い成長率，賃金の低い非正規雇用の増加，正社員の賃金や給与も

　　低く抑えられる＝「〔⑭　　　　　　　　　〕」といわれた

2008年　アメリカ発の〔⑮　　　　　　　　〕

　　世界的な景気後退，日本もマイナス成長

　　　→失業率の上昇，非正規雇用の雇い止めや賃金低下，格差の累積的な拡大

〉〉〉【⑮】
アメリカの低所得者向けのサブプライムローンを証券化した商品が不良債権化して暴落した。2008年には代表的な投資銀行リーマン・ブラザーズが破たんするなど，世界の金融市場に大きな混乱をもたらした。（→圀p.193）

MEMO

Check　資料読解　①教科書p.132の資料■「経済成長率の推移」　長期的に見て成長率はどのように変化してきたのか，傾向を読み取ってみよう。以下の文章の〔ア〕～〔エ〕に数値または適語を書きなさい。

　　高度経済成長期の1956～73年度の平均成長率は〔ア　　　　　〕％，石油危機からバブル景気までの1974～90年度の平均成長率は〔イ　　　　　〕％，バブル崩壊以降の1991～2022年度の平均成長率は〔ウ　　　　　〕％であり，長期的に見ると，成長率が段階的に〔エ　　　　　〕してきたことがわかる。

②教科書p.133の資料■「企業の倒産件数・負債総額と失業率の推移」　1990年代に急増したのはなぜか，本文を見て確認し，あてはまるものを次の①～⑤のうちからすべて選びなさい。

①　多額の不良債権を抱えた金融機関が貸し渋りをおこなった。

②　1985年にドル高是正をはかるプラザ合意が結ばれた。

③　経営資金を調達できなくなった多くの中小企業が倒産した。

④　2008年には，アメリカ発の金融危機の影響で，日本経済はマイナス成長となった。

⑤　企業は，人員整理を含む大胆なリストラクチャリング（組織再編）をおこなった。

③教科書p.133の資料■「名目賃金・実質賃金・消費者物価指数の推移」　賃金が低下している理由を本文で確認してみよう。また，好景気を実感できない理由を考えてみよう。以下の文章の〔ア〕～〔オ〕に適語を書きなさい。

　　低賃金で人員整理のしやすい〔ア　　　　　　〕が増え，正社員の賃金や給与も〔イ　　　　〕抑えられた。一方で，〔ウ　　　　〕は賃金ほど低下しておらず，〔エ　　　〕賃金が増加傾向に転じた際も，それ以上に上昇しているため，〔オ　　　〕賃金が低い水準にあり，好景気が実感できない。

Try　2000年代になって景気が拡大しても経済成長率が伸び悩んでいるのはなぜだろうか，考えてみよう。

これからの経済社会

・2011年　東日本大震災，福島第一原子力発電所事故

　　　日本の社会と経済に甚大な被害

　　　　・復興費用のわかちあい

　　　　・新たな災害への備え

　　　　・21世紀の経済社会のあり方を考える必要

・2019年後半〜　新型コロナウイルス感染症の世界的な感染拡大

　　　　　　　　　→世界全体の経済活動の停滞

　　　[今後の課題]経済的損失や所得格差の拡大への対処

人口減少への対応

・少子高齢化の進展

　→[① 　　　　　　　　　]の減少，[② 　　　　　　　　　]の増大

　　→女性労働力の活用，保育所の増設など子育て支援策

格差問題の解消

・都市と地方，労働者間の格差

　→消費活動の低迷，[②]の増大で経済成長抑制

競争力の維持

・急速な進展が予想される経済のグローバル化

　→国際競争力を持った産業分野や企業の育成，世界に貢献できる人材育成

・2018年　[③ 　　　　　　　　　]発効

　　　　…貿易の活性化が見込まれる一方，国内農業への脅威も懸念

　　　　　→公正な貿易ルールを維持しながらの新たな競争力の開拓が

　　　　　　求められる

新しい技術への対応

・人工知能([④ 　　　　　　])の開発…従来の産業構造を大きくかえる情報技術

　[期待]労働力不足を補い，生産性を向上させることによる低賃金の解消や国

　　　　際競争力の維持

　[懸念]多くの職業への導入による失業の増加や格差の拡大

>>> 合計特殊出生率
一人の女性が一生の間に産む子どもの数のこと。人口を維持するためには2.16が必要とされるが，現在日本は1.4前後で推移している。(→國p.160＊1)

>>> 国家戦略特別区域
国際競争力のある産業・企業の育成のために，2015年度に制定。大幅な規制緩和が可能となるが，労働時間や解雇に関する規制緩和も例外的に認められており，批判の声もある。(→國p.134❷)

MEMO

①少子高齢化が進行し働く現役層が減少していくとどのような課題が生じるのか，教科書p.160で確認し，次の文中の〔 ア 〕～〔 オ 〕に適語を書きなさい。

　少子高齢化が進行すると社会保障制度について以下の問題が指摘される。第一に〔**ア**
　　　　　　　　　　　〕の予算不足，第二に〔**イ**　　　　　　　　　〕の維持への不安，第三に〔 **イ** 〕や健康保険について，
〔**ウ**　　　　　　　　　〕や給付水準に格差が生じている問題，第四に〔**エ**　　　　　　　　〕，とくに高齢者の
〔**オ**　　　　　　　　　〕の充実が必要。一方，少子化への対応として，子育てや教育にかかる経済的
負担を社会的に共有していく政策も必要となってくる。

②教科書p.134の資料❷「ジニ係数の国際比較」　次の図（教科書p.105のactive）と対比し，政府の大きさが格差にどう影響するのか，考えてみよう。下の文中の〔 ア 〕～〔 オ 〕は適当な語句を選び，〔 カ 〕・〔 キ 〕に適語を書きなさい。

図　政府の割合と公務員の割合の国際比較

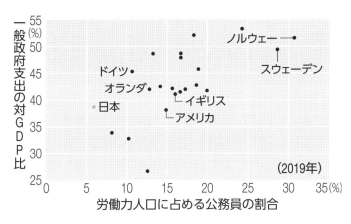

　図で〔**ア**　大きな／小さな　〕政府と読み取れるノルウェーやスウェーデンは，教科書p.134の資料❷「ジニ係数の国際比較」でジニ係数が〔**イ**　大きい／小さい　〕方（すなわち格差が〔 **イ** 〕方）にある。逆に，同じ図でジニ係数が〔**ウ**　大きい／小さい　〕方（すなわち格差が〔 **ウ** 〕方）のアメリカ，イギリス，日本は，図で〔**エ**　大きな／小さな　〕政府には属していない。大まかにいって，大きな政府の国（一般政府支出の対ＧＤＰ比が高く，労働力人口に占める公務員の割合の大きい国）は，ジニ係数で示される格差が〔**オ**　大きい／小さい　〕傾向があるといえよう。格差を縮小するための政策を実施する国では，〔**カ**　　　　　　　　　〕も増加するだろうし，〔**キ**　　　　　　　　　〕も増加するであろうということが推測される。

Active　現在の課題を踏まえて，今後の日本経済は，どのような豊かさを実現していくべきか，話しあってみよう。以下のなかからあなたが最も優先すべきと考えるものを選んで，その理由を書いてみよう。

・財やサービスが豊富であること　　　　　・企業活動や技術革新が活発であること
・税金の負担が軽いこと　　　　　　　　　・所得格差が小さいこと
・子どもや高齢者が安心して暮らせること　・社会保障が充実していること

①最も優先すべきもの
②その理由

>>> 〔①〕, 〔②〕
〔①〕は, 製造過程の一部を請け負うこと。〔②〕は, 商品売買, 技術提供, 融資, 役員派遣などで大企業の傘下に入ること。

■ 中小企業の現状

・大企業の〔①　　　　　　　〕, 〔②　　　　　　〕企業として部品の製造や加工
・サービス業, 建築業, 流通業などあらゆる分野に存在
・〔③　　　　　　　　　　　〕…大企業と中小企業の格差
　　　　　　　　　　…生産性, 賃金, 労働時間, 休暇日数など

【中小企業の定義】

業種	従業員規模	資本金規模
製造業, その他	〔④　　　　　　〕人以下	〔⑤　　　〕億円以下
卸売業	100人以下	1億円以下
小売業	50人以下	5,000万円以下
サービス業	100人以下	5,000万円以下

【国際化の進展と後継者不足】

・製造業の多くが発展途上国に移動
　→中小企業の製品の多くも輸出されるため, 円高が大きな脅威に
　　一方で, 円安による輸入原材料費の高騰も同様の脅威に
・〔⑥　　　　　　　　　〕が進まずに, 存続が困難になる中小企業も多い

■ 新しいビジネスモデル

・〔⑦　　　　　　　　　　　〕
　　…高い専門性と技術力を発揮して成長
　　…海外の資本と共同して積極的な海外展開をおこなう
・〔⑧　　　　　　　　〕
　　…福祉・教育・環境分野などの分野で, 社会的な問題の解決をめざす
　　　中小企業

【社会的企業の事業例】

●地域活性化のための人作り・しくみ作りに取り組む
・職人の技を次世代に伝える職人学校
・住民参加型の村おこしを支援する
・中高生向けに地域密着型のキャリア教育をおこなう
●地域住民が抱える課題に取り組む
・パソコン技能習得による障害者の自立支援
・急な発熱などをした子どもを一時預かりする
●社会のしくみ作りに取り組む
・規格外のため市場に出せない野菜の有効活用
・生ゴミリサイクルを通じた地域再生

・近年の情報・流通技術の発展→小規模でも世界的な事業展開が可能に
　→中小企業の新たな可能性

Check 資料読解 教科書p.136の資料**3**「企業規模別の格差」 大企業と中小企業でどのような違いがあるのかに関して以下の設問に答えなさい。

問1 製造業，その他において，中小企業は何人以下の企業か。

人以下

問2 賃金，設備投資率（資本装備率），生産性の指数は，企業規模が小さくなるにつれてどのような傾向が見られるか。

問3 賃金において，30〜49人規模の企業は1,000人規模の企業のおよそ何％か。

およそ ％

問4 設備投資率（資本装備率）において，50〜99人規模の企業は1,000人規模の企業のおよそ何％か。

およそ ％

日本農業の現状

戦後日本の農業…農家数，就業人口ともに減少

【農業政策の展開】

1961年　[① 　　　　　　　　　]

　　　　…農業所得の向上のため，大規模農家の育成や米作中心からの転換

　　　　　→成果は不十分(経営規模は小さいまま兼業化)

1999年　[② 　　　　　　　　　　　　](新農業基本法)

　　　　…[③ 　　　　　　　　　]の向上，農業による国土・景観の保全機

　　　　　能の評価，農村の振興，企業の農業経営への参入

【食料政策の展開】

[④ 　　　　　　　　　　　]…米などの価格規制と過剰生産を抑えるための

　　　　　　　　　　　[⑤ 　　　　　　　](生産調整)をおこなう

[⑥ 　　　　　　　　　](1995年)…米の価格と流通が自由化され，市場原理に委

　　　　　　　　　　　ねられる

ＧＡＴＴの[⑦ 　　　　　　　　　　　　]交渉の合意

　→米の輸入に関しても関税による調整(1999年〜)

＊農家の後継者不足…耕作放棄地の増加も

【食料安全保障】

日本の食料自給率はきわめて低い

[理由]　・食習慣の欧米化　・生産性が高く，安価な輸入農産物の増加

[⑧ 　　　　　　　　　　]…関税の原則撤廃をめざす国際協定

　→[⑧]参加による，さらなる自給率低下の懸念

　　→[⑨ 　　　　　　　]の観点から自給率の上昇を求める意見

　　農産物の輸出拡大など，新しい農業の可能性も

これからの農業

【担い手の動向】

・農地法改正(2009年)で，民間企業が土地を借りて農業を営めるようになっ

　た→大規模経営による生産性向上

・ＮＰＯ(非営利団体)や個人の参入

　…[⑩ 　　　　　　　]化で収入の安定をはかる場合も

【食料生産をめぐる取り組み】

・ＢＳＥ(狂牛病)問題の発生→食の安全性への意識の高まり

　　　　　　　　　　　[⑪ 　　　　　　　　　]の制定(2003年)

　　　　　　　　　　　トレーサビリティの導入

・食料の輸出入にかかる輸送エネルギーへの疑問

→地元の農産物を地元で消費する[⑫ 　　　　　　　]運動の広がり

〉〉〉[⑤]
稲の植え付けを制限したり，ほかの農作物の栽培に変更したりすることで，米の生産量を抑える政策。
(→教p.138❶)

〉〉〉[⑨]
世界的凶作のときにも食料の確保をおこなえるようにする，など。

〉〉〉[⑩]
農産物の生産(第1次産業)だけでなく，それを商品に加工し(第2次産業)，販売(第3次産業)もおこなう事業のこと。第1次から第3次までかけあわせた事業という意味で6次産業と呼ばれる。(→教p.139＊2)

〉〉〉トレーサビリティ
食品が生産者からどのような経路で届いたかを追跡できる制度のこと。
(→教p.139❸)

MEMO

- -

- -

- -

- -

- -

- -

- -

- -

Check 資料読解　①教科書p.138の②「主な国の食料自給率の推移」　日本において見られる傾向を読み取ってみよう。

②教科書p.138の資料①「農家数の推移」と資料②「主な国の食料自給率の推移」をもとに，食料安全保障論を支持する内容を説明するとする。その説明の流れとして最も適当なものを，次の①～④のうちから一つ選びなさい。

① 資料②より，日本の食料自給率が先進国最低であることを指摘し，資料①から自給的農家を増やすべきという主張をする。

② 資料②より，アメリカやフランスなど食料自給率100％をこえる食料輸出国があることを指摘し，資料①から主業農家を増やすべきという主張をする。

③ 資料②より，日本の食料自給率が先進国最低であることを指摘し，資料①から主業農家を増やすべきという主張をする。

④ 資料②より，アメリカやフランスなど食料自給率100％をこえる食料輸出国があることを指摘し，資料①から自給的農家を増やすべきという主張をする。

Try　今後の日本の農業について，①「所得補償金などで小規模農家を保護すべき」という考えと，②「規制緩和で大規模経営を進行すべき」という考えがある。各々の考え方のよい点を書きなさい。

①「所得補償金などで小規模農家を保護すべき」という考えのよい点

②「規制緩和で大規模経営を推進すべき」という考えのよい点

5 消費者問題

>>>フィッシング詐欺

偽の電子メールから偽のホームページに接続させたりするなどの方法で，クレジットカード番号，アカウント情報(ユーザID，パスワードなど)といった個人情報を盗み出す行為のこと。

広がる消費者問題

【生産者と消費者の関係】

企業 商品の情報を もっている	広告・宣伝など情報 →	消費者 商品の十分な 情報がない
	← 企業による情報を信用して購入	

〔①　　　　　　　　　　　〕が生じる

【消費者問題の種類】

・誇大広告…消費者の判断を誤らせる大げさな表現

・偽装表示…添加物や消費期限について事実と異なる内容を表示

・〔②　　　　　　　　　〕…(例)架空請求，フィッシング詐欺

・インターネット取引でのトラブル，多重債務，自己破産など

消費者行政

消費者の「〔③　　　　　　　　　　　〕」…ケネディ大統領が示した

　安全を求める権利，知られる権利，選ぶ権利，意見が反映される権利

日本でも〔④　　　　　　　　〕意識が高まる

　　　…商品の生産・流通・消費に関しては消費者に決定権がある，

　　　　という考え方

消費者運動も盛んになる…商品テスト，不買運動，行政への働きかけなど

【消費者保護の施策】

1968年　〔⑤　　　　　　　　　　　　〕

　　　　　…各地に消費生活(消費者)センターが設立

2004年　〔⑥　　　　　　　　　　　〕＝「保護」から「自立と自己責任」へ

　　　　　…消費者の権利の尊重，消費者の自立の支援

2009年　〔⑦　　　　　　　　　〕設立＝消費者問題を包括的に扱う行政機関

>>>〔⑦〕

内閣府の外局として設置された。食品の表示基準，悪徳商法の予防と被害者の救済，製造物責任などを主な業務とする。

【消費者の保護】

1995年　〔⑧　　　　　　　　　　〕(ＰＬ法)施行

　　　　　…企業側に〔⑨　　　　　　　　　〕を負わせる

　　　　　　→消費者が欠陥製品で被害を受けた場合，

　　　　　　　企業の過失の証明なしで損害賠償を求められる

　　　　　…欠陥の推定は取り入れていない

〔⑩　　　　　　　　　　　〕制度

　…訪問販売などで商品を購入した場合，一定期間内であれば契約を解除できる

2001年　〔⑪　　　　　　　　〕

　　　　　…事業者による不当な勧誘があれば契約解除できる

>>>欠陥の推定

欠陥の事実確認なしで，説明書どおりの使用で事故があった場合，欠陥ありと見なす考え方。

① 契約の権利と責任

〔⑪〕の理念…情報や交渉の面で事業者より不利な立場にある消費者を，制度的
に補う

…消費者が自立した契約主体になることを求めている

契約の自由と責任…契約をしたらそれを実行する責任が生じる

→必要な契約なのか，責任を負えるのか，慎重に考える必要

MEMO

⌨ 教科書p.144〜145 現代社会ナビ「こんなときどうする？－消費者問題－」を見て，次の事例に対する
対応策を考えなさい。

① 架空請求があった場合…料金は〔ア　　　　　　　　　〕。問い合わせをしない。

② フィッシング詐欺で暗証番号を入力してしまったら…すぐに〔イ　　　　　　　〕に電話をして
カードの利用を停止する。

③ 英会話教室で契約解除ができない…法律で〔ウ　　　　　　　　　〕や中途解約が可能。

④ アポイントメントセールスにあった場合…クーリング・オフの対象なので〔エ　　　　　　　　　〕
を必ずとっておく。

Try 以下の語句を説明しながら，消費者の権利と責任を考えてみよう。

①消費者基本法

②無過失責任

③欠陥の推定

経済成長と公害

[明治期]足尾鉱毒事件　田中正造らが告発

[高度経済成長期]〔①　　　　　　　　　　　〕

　　　　　　　　　　　…四日市ぜんそく・富山イタイイタイ病

　　　　　　　　　　　新潟水俣病・熊本水俣病

　　　　　　　　　　　→すべて原告(被害者側)勝訴

　原因…政府・企業ともに〔②　　　　　　　　　　　　〕を優先

　　　　…企業の行動規制に消極的

公害防止から環境保全へ

【公害対策に関する諸施策】

1967年　〔③　　　　　　　　　　　　　〕

1970年　公害関連法の制定

1971年　〔④　　　　　　　　〕の設置

・公害を引き起こした企業に〔⑤　　　　　　　　〕を課す

　　…被害者が公害の原因企業の故意・過失を証明する必要を免除

・〔⑥　　　　　　　　　　　〕(PPP)の導入

　　　…公害防止費用は汚染者が負担

・環境基準…濃度規制だけでなく〔⑦　　　　　　　〕も

【環境保全に関する諸施策】

1993年	〔⑧　　　　　　　　　　　〕の制定 …持続可能な社会の構築を基本理念とする
1997年	〔⑨　　　　　　　　　　　　　　　　〕(環境影響評価法)の制定 …公害被害を未然に防ぐ
2001年	環境庁が〔⑩　　　　　　　〕に格上げ
2004年	景観法の制定…アメニティの回復，再生

循環型社会の形成

私たちの生活の仕方にかかわる〔⑪　　　　　　　　　　〕

・自動車による大気汚染，廃棄物による環境汚染，有害な化学物質汚染，アスベストによる健康被害

・大量生産・大量消費によるゴミ問題への対応

　1990年代〜　再利用・再資源化を義務化する法律の制定

　2000年　〔⑫　　　　　　　　　　　　　　　　〕制定

　　　　…「〔⑬　　　　　　　　〕」＝発生抑制(リデュース)，再利用(リユース)，再資源化(リサイクル)

・〔⑭　　　　　　　　　　　　〕としての自覚

　　…無駄なものを買わない，環境負荷の少ない商品を選ぶことなどによって社会を変えていこうとする消費者

>>>**持続可能な発展(開発)**
将来の世代が享受する経済的，社会的な利益を損なわない形で現在の世代が環境を利用していこうとする考え方。(→教p.147＊1)

>>>**環境アセスメント**
環境に重大な影響を及ぼすおそれのある開発事業などについて，その影響を事前に調査・予測し，住民その他の関係者の意見も踏まえて開発計画を修正・決定しようとする制度。(→教p.147＊2)

>>>**アメニティ**
歴史的な街並みや良好な都市景観，環境の快適性などをさす概念。(→教p.147＊3)

Check 資料読解 教科書p.147の資料❷「公害苦情件数の推移」 どのような公害が増えているのか確認し，本文からその例を探してみよう。

Try なぜ環境保全と経済発展の両立をめざすべきなのか，教科書p.30，31の学習を振り返り，以下の設問に答えなさい。

問1 教科書p.30 右段でミキは，自然を守り次世代に継承していく義務は市にも住民にもあると発言している。また，ケンは，無制限な自然の破壊は許されないが，経済活動においては豊かさを増大することが優先されると発言している。それぞれの発言に最も近い考え方を，次の①～④のうちから一つずつ選びなさい。

① 自然という物質的な豊かさが，人間関係を支える大切な条件である。

② 経済活動によって全体的な豊かさが向上すれば，よい結果であると判断すべきである。

③ 経済発展ばかり追求すると，環境の悪化を招き，結果として人間自身に大きな損失がもたらされる。

④ 自然を守ることができれば，経済発展をしなくとも豊かな暮らしが実現できる。

ミキ [　　　]　ケン [　　　]

問2 問1を踏まえて，あなたの意見を書きなさい。

労働基本権の確立

1945年	[①　　　　　　　　　　]制定
1946年	[②　　　　　　　　　　　　]制定
1946年	[③　　　　　　　　　]制定 第27条　勤労権 第28条　労働者の団結権・団体交渉権・団体行動権 　　　　＝[④　　　　　　　　　] ＊労働者が使用者と対等の立場で労働条件の改善に取り組める [⑤　　　　　　　　　]の確立
1947年	[⑥　　　　　　　]制定

>>>**公務員の**[④]

公務員は，法律によって団結権と団体交渉権が制限され，団体行動権（争議権）は認められていない。かわりに，人事院（地方公務員は人事委員会）の給与改善などの勧告制度がある。
（→圏p.148❶）

>>>**労働基準監督署**

労働基準法や最低賃金法などの実施と遵守を監督する機関。事業所などへの立ち入り調査などをおこなう権限をもつ。（→圏p.148＊2）

労働三法

❶[⑥　　　　　　　　　]

　…賃金，労働時間，休日・休暇など，労働基準の最低条件を定める

　　※賃金の最低水準については最低賃金法で，地域ごとに定める

　…使用者の守るべき事項，労働基準監督機関の設置，違反時の罰則規定

❷[①　　　　　　　　]

　…労働者が労働組合を作り，使用者と対等の立場で団体交渉

　…労働条件などの労働協約を結ぶ

　…ストライキなど争議行為は正当な場合には法的責任を問われない

　…使用者の労働組合に対する[⑦　　　　　　　　　]の禁止

　　＝組合に加入したり組合活動をおこなった労働者を解雇すること，

　　　団体交渉を理由なく拒否すること　など

❸[②　　　　　　　　　　]

　…労使間の紛争が自主的に解決できない場合の調整

　[⑧　　　　　　　　]によって

　　・[⑨　　　　　　]…斡旋員が労使紛争の自主的解決を促す

　　・[⑩　　　　　　]…使用者委員，労働者委員，公益委員からなる

　　　　　　　　　　　調停委員会が調停案を提示

　　・[⑪　　　　　　]…仲裁委員会が拘束力のある仲裁裁定

>>>**緊急調整**

労働争議により，国民の経済生活が著しく阻害される場合，または国民生活が危険にさらされる恐れがある場合，内閣総理大臣が緊急調整の決定を下すと争議行為は50日間凍結され，最優先で解決がはかられる。

職場の人権

【性による差別への対応】

・[⑫　　　　　　　　　　　　]（1986年施行）

　…雇用・採用・昇進・定年など労働条件のすべてにわたり男女差別を禁止

　…[⑬　　　　　　　　　　　　　]防止の義務づけ，

　　違反企業名の公表など罰則も（1997年改正）

・育児休業法（1991年制定）

　…男女を問わず，育児休業・介護休業をとれる環境整備

　　→1995年[⑭　　　　　　　　]に改正される

【外国人労働者への差別】

・労働条件などでの差別

・外国人研修制度で来日し，低賃金・長時間労働にさらされる人権上の問題

　→真に開かれた社会になるために対策が必要

〉〉〉改正出入国管理法
介護や建設などの指定された分野で，新しい在留資格による外国人労働者の受け入れ拡大を定めた。2018年成立。(→圏p.149❺)

MEMO

Check 資料読解　教科書p.149の❷「女性の年齢別労働力率の国際比較」を見て，以下の設問に答えなさい。

問1　日本に見られる傾向を読み取り，次の文章の〔 ア 〕・〔 イ 〕に適当な数字を書き，〔 ウ 〕・〔 エ 〕は適当な語句を選びなさい。

　　日本では，〔**ア**　　〜　　　〕歳から〔**イ**　　〜　　　　〕歳にかけて〔**ウ**　上昇／低下　〕し，その後〔**エ**　上昇／低下　〕している。

問2　なぜ問1のような傾向になっているのか，教科書p.38を参考に，次の文章の〔 ア 〕・〔 イ 〕には適当な数字を書き，〔 ウ 〕は適当な語句を選び，〔 エ 〕に適語を書きなさい。

　　教科書p.38の❷「育児休業取得率の推移」を見ると，2022年で女性の取得率〔**ア**　　　　　〕％，男性の取得率〔**イ**　　　　　〕％である。このグラフから，〔**ウ**　男性／女性　〕が育児休業を取得する率が圧倒的に高い状態が続いていることがわかる。この女性の側が育児をする期間に〔**エ**　　　　　〕をとることが多いことが，教科書p.149の❷における女性の労働力率の一時低下につながっていると考えられる。

Try　どうすれば職場における男女差別を解消できるのか，教科書p.38やノートp.29の学習(男女共同参画社会)を振り返って考えてみよう。

こんにちの労働問題

教科書　p.154～155

● **日本的雇用形態**

欧米の雇用…労働者を専門の職種単位で雇用

　　　　　　　　→人員削減は配置転換ではなく解雇

日本の雇用…職種を限定せず雇用

　　⬇　　　　　＝企業内教育で技能を習得→長期雇用

〔①　　　　　　　　　　　　　　〕

　┌・〔②　　　　　　　　　　　〕…定年まで同じ会社に勤める
　│・〔③　　　　　　　　　　　　　　〕…賃金は勤続年数に応じて決まる
　└・〔④　　　　　　　　　　　　　　〕…労働組合も企業ごとに組織される

● **雇用の流動化**

〔①〕の長所…安定的な雇用と所得を実現しやすい

〔①〕の短所…労働者は転職がしにくく，企業は雇用調整がしにくい

→バブル崩壊後の不況や産業構造の変化のなかで，〔①〕に変化

　　⬇

　・パートタイマー，アルバイト，派遣社員，契約社員など
　　〔⑤　　　　　　　　　　　〕の割合増加＝正規雇用の減少
　　　→転職が増加する雇用の流動化が進む
　・〔⑤〕は職業選択の機会を増やす一面もある一方，低賃金で雇用も不安定
　　　→正社員との格差が広がる
　　　　働いているにもかかわらず，貧困に近い生活を余儀なくされている
　　　　〔⑥　　　　　　　　　　　〕も

　⬆

〔⑦　　　　　　　　　　　　〕
　　…改正により対象業務を拡大，2003年には製造業への派遣も容認
　　　→格差が問題となるなか，非正規雇用に対する規制強化を求める声も

【近年の日本の雇用情勢】
・所得格差の問題は依然深刻
　中高年層の雇用不安←職業能力開発支援の充実を求める声
　雇用の安定化←総合的な取り組みの必要性

● **こんにちの労働環境**
・労働基本権の確立と労働運動の発展→労働環境の改善
・高度成長期に賃金水準も大幅に上昇
・高い生活費…実質的な賃金水準は高くない
・雇用の流動化，労働環境のめまぐるしい変化
　　→労働分配率の低下
・ヨーロッパに比べ長い労働時間，低い有給休暇の取得率，
　サービス残業(不払残業)も多いとされる
　　→〔⑧　　　　　　　　〕などの問題も起きている

〉〉〉〔⑤〕
・パートタイマー…1週間の所定労働時間が正社員より短い労働者。
・アルバイト…学業や本業のかたわら，臨時に働く者。
・契約社員…正社員とは別の労働契約で働く者。雇用期間の定めがある。
・派遣社員…派遣元企業と雇用契約を結び，要請があった企業(派遣先企業)に派遣され，そこでの指揮・命令に従い業務をおこなう労働者。

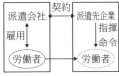

〉〉〉**労働契約法**
労働契約の内容の明確化をはかり，労働契約の一方的な変更や懲戒解雇の濫用などを防ぐことなどを目的とする(2008年施行)。
(→圏p.155❹)

〉〉〉**労働分配率**
企業が1年間に生み出す付加価値のうち，人件費にまわる割合。この低下は，付加価値の上昇によってもたらされるが，不況のもとでは，給与水準の低下や，従業員数の減少を意味することも多い。(→圏p.155❺)

・労働条件の改善

 →2019年　働き方改革関連法施行

    …残業時間の上限規制，有給休暇取得義務化，

     同一労働同一賃金の原則　など

    …労働時間規制をはずす，高度プロフェッショナル制度も導入

・労働と生活の適切なバランス

 ＝[⑨   ]の実現が必要

〉〉〉**サービス残業**

使用者から正規の賃金(労働基準法が定める時間外労働手当)が支払われない時間外労働の俗称のこと。

MEMO

Check 資料読解　教科書p.155の**3**「年間労働時間の国際比較」を参照して，1日8時間労働とするとき，日本人はドイツ人より何日多く働いていることになるのか，次の手順で計算してみよう。

＊日数は小数点以下切り上げ。

①日本人の年間労働時間 ☐☐☐☐ 時間　②ドイツ人の年間労働時間 ☐☐☐☐ 時間

③日本人はドイツ人より何日多く働いていることになるのか。

 式 ＿＿＿＿＿＿＿＿＿＿＿＿＿＿＿＿＿＿＿＿＿   約 ☐☐☐ 日

Try　安定した雇用か，多様な働き方か，それぞれのメリットとデメリットを考えるため，以下の設問に答えなさい。

問1　終身雇用制のメリットとデメリットを述べなさい。

メリット	デメリット

問2　不安定な雇用の下での「多様な働き方」のメリットとデメリットを述べなさい。

メリット	デメリット

⑨ 社会保障の役割

● 社会保障制度の発展

基本的な考え方

　…病気や事故，高齢化に対して助けあえるしくみを社会全体で整えること

【社会保障の歴史】

1601年	イギリスの[①　　　　　　　]…貧民の救済と治安維持が目的
19世紀末	ドイツの社会保険制度…[②　　　　　　　]が導入 　　　　　　　　…社会主義者鎮圧法に対する政策
1935年	アメリカの社会保障法(世界恐慌がきっかけ)
1942年	[③　　　　　　　　　　](イギリス) 　…イギリス全国民に最低限度の生活水準(ナショナル・ 　　ミニマム)を保障 　…スローガンは「[④　　　　　　　　　　　　]」

● 日本の社会保障制度

| [⑤　　　　　　　　　　]型
・租税が財源の中心
・全国民に単一の制度を適用 | [⑥　　　　　　　　　　]型
・保険料が主な財源
・職業や所得階層で適用される制
　度が異なる |

日本の社会保障制度
・両者の混合型
・租税と社会保険料の両方が財源

[⑦　　　　　　　　]

・疾病・老齢・失業・労働災害などに対して，
　一定の基準で現金やサービスを提供(強制加入)

・費用は被保険者と事業主および政府が負担

[種類] 医療保険，年金保険，雇用保険，労災保険，介護保険

【年金保険の広がり】

1961年　[⑧　　　　　　　　　　　]の実現

1986年　基礎年金制度の導入→さまざまな制度の一本化

　[年金財源の調達]

　　[⑨　　　　　　]方式…将来の年金を自分で積み立てる方式

　　[⑩　　　　　　]方式…現役労働者が納める保険料で，同じ年の年金給付額
　　　　　　　　　　　　をまかなう方式。現在の調達はこれを基本とする

[⑪　　　　　　　　]

・生活困窮者に生存権(憲法第25条)を保障，費用は全額税金

　[種類]生活，教育，医療，介護など8つの扶助制度

>>> **日本の社会保険**

・医療保険…すべての国民が健康保険や国民健康保険等いずれかの保険に加入することで安く治療を受けられる。

・年金保険…20歳以上60歳未満の国民がいずれかの年金保険に加入することで高齢になったとき，障がいを負ったときに年金が支給される。

・雇用保険…雇用者が加入する保険で，失業した際に一定期間，保険金が支給される。

・労災保険…雇用者が全額企業側の負担で加入し，業務による傷病に対して保険金が支給される。

・介護保険…40歳以上の国民が加入する保険で，介護が必要になったときに，介護サービスを受けることができる。

>>> **賦課方式の長所と弊害**

物価の変動や給与水準の変化に対応しやすい反面，少子高齢化が進んだ場合，現役世代の負担が重くなる。

〔⑫　　　　　　　　　〕
・生活に不安がある児童・高齢者・母子家庭・障がい者などに非金銭的な支援
　（生活援助や自立支援），費用は全額税金

〔⑬　　　　　　　　　〕
・国民の健康の維持・増進が目標
・感染病予防，母子保健，公害対策など，保健所を中心とした組織的な取り組
　み

MEMO

Try　　税金中心のしくみと，社会保険中心のしくみとの違いを，社会の責任，個人の責任という語句を使って説明してみよう。

10 社会保障制度の課題

>>> **高齢化率**
総人口に占める65歳以上人口の割合。高齢化率が7％をこえた社会を高齢化社会，14％をこえた社会を高齢社会という。
(→國p.161❶)

>>> **医療費の負担**
社会保障予算の不足により，医療費の自己負担分が増加している。

>>> **公的年金制度**
自営業者などは国民年金に加入し，サラリーマンや公務員などは厚生年金保険にも加入する。
(→國p.159資料**4**)

>>> **特別養護老人ホーム**
常時介護が必要で自宅介護が困難な場合に，日常生活の介護や健康管理などの生活支援を受ける公的施設。

【日本の現状】

[少子化] [① 　　　　　　　　　　]の低下

　　　　…1人の女性が一生の間に生む子どもの数の減少

[高齢化] [② 　　　　　　　]社会への突入

　　　　…高齢化率21％以上の社会，日本は2007年に突入

日本の社会保障制度の問題点

[③ 　　　　　　　　　　　　]の進展…労働人口の減少，社会保障費の増大など

❶社会保障関係の予算不足…高齢化の進行

　→高齢者の医療費，[④ 　　　　　　]，介護費用の増大

　　→財政状況の悪化から財源の確保が困難

❷年金制度維持への不安

　現在の制度は，現役労働者の納める保険料でその年の給付額をやりくり

　→少子化で[⑤ 　　　　　　　]減少

　　→[⑤]の負担が増加＝年金制度が維持できなくなる

❸年金や健康保険における保険料・給付水準の格差

　(例)年金制度：[⑥ 　　　　　　]により加入する制度が異なる

　　　　　　→保険料や給付額も異なるため，格差が生じる

❹高齢者の介護サービスの充実の必要性

　・[⑦ 　　　　　　　　　　]…高齢者の家を訪問して介護

　・[⑧ 　　　　　　　　　]…食事や入浴などの日帰りサービス

　・[⑨ 　　　　　　　　　]…特別養護老人ホームなどに短期間入所して
　　　　　　　　　　　　　介護を受けるサービス

　　→施設や人員の不足が深刻

福祉社会をめざして

[⑩ 　　　　　　　　　　　　]の実現

　…高齢者も障がいをもった人も，健常者と同じように社会に参加して生活できるようにすべきだとする考え方

　→[⑪ 　　　　　　　　]

　　　…建物や交通機関，就職条件などの障壁をなくすこと

　→[⑫ 　　　　　　　　　　　]

　　　…健常者・障がい者を問わずすべての人が使いやすいように設計されたデザイン

[⑬ 　　　　　　　　　　]の充実

　⬇　…貧困状態となっても，最低限の生活を保障するしくみ

社会保障の充実には，「費用」の負担が必要

→国の制度の充実化をはかる…公助中心の高福祉・高費用

　自己責任に基礎をおく…自助中心の低福祉・低費用

　自発的に助け合いの制度やしくみを作る共助の福祉も重要な選択肢

Check 資料読解 教科書p.160の資料**1**「人口の高齢化とその重み」，**2**「社会保障給付費の推移」を参考に，次の文章の〔 ア 〕〜〔 ウ 〕に適語を書きなさい。

1 少子高齢化を背景に，とくに高齢者の〔ア　　　　　〕費，〔イ　　　　　〕，介護などに要する費用は年々増加している。

2 少子高齢化は，将来の年金受給者の増加と現役労働者の減少をもたらす。そこで〔ウ　　　　　〕方式を基本として年金給付額をそのままにしておくと，現役世代の負担が次第に課題になって，年金制度が維持できなくなる可能性がある。

🥊Try 公的年金制度について，社会保険方式と税方式のどちらがより持続可能か，またどちらがより公平かを考えたい。以下の設問に答えなさい。

問1 社会保険方式と税方式について，それぞれの特徴と課題をまとめた次の表の〔 ア 〕〜〔 エ 〕に当てはまるものを，下の①〜④から一つずつ選びなさい。

	社会保険方式	税方式
特徴	〔ア　　　〕	〔ウ　　　〕
課題	〔イ　　　〕	〔エ　　　〕

① 財源を確保するためには，増税が必要となる。所得水準などによる給付制限がおこなわれやすい。

② 一定期間に支払った保険料に応じて年金が給付される。負担と給付の関係が明確になる。

③ 保険料が滞納されるおそれがある。低年金者や無年金者が生まれる。

④ 支払実績ではなく国内の居住年数などを条件に年金が給付される。負担と給付の関係が不明確。

問2 社会保険方式と税方式のどちらがより持続可能か，またどちらがより公平か。社会保険方式か税方式のどちらかを選び、その理由を書きなさい。

どちらがより持続可能か　　社会保険方式／税方式
(理由)
どちらがより公平か　　社会保険方式／税方式
(理由)

第2章　この章の学習をまとめてみよう。

●豊かな社会の実現のために，日本経済の課題のうち，最優先で解決すべきことは何か検討しよう。

Active これからの福祉社会を考える

教科書　p.162〜163

☑ 振り返りチェック

●時事ノート 格差から貧困へ（教科書p.135）

①本文とグラフ「相対的貧困率の国際比較」から読み取ろう。

問1　相対的貧困率とは何か，本文を参考に説明しよう。

〔　　　　　　　　　　　　　　　　　　　　　　　　　　　　　　　　〕

問2　グラフ中で，相対的貧困率が日本より高い国はどこか。　　　　〔　　　　　　　〕

問3　2015年現在，先進国の中でも高い日本の子どもの貧困率はどのくらいか。　〔　　　　　　〕％

※相対的貧困の状態にある18歳未満の子どもの割合

● 10.社会保障制度の課題（教科書p.160）

①資料②「社会保障給付費の推移」を参考にして，次の文章の〔 ア 〕〜〔 ウ 〕に適当な数値または語句を書きなさい。

　　2020年度現在，社会保障給付費は総額で〔ア　　　　　　　〕兆円を超え，とくに高齢化にともない〔イ　　　　　　　〕と〔ウ　　　　　　　〕給付で70％を超えている。

②資料③「生活保護世帯（類型別割合）の推移」を参考にして，次の文章の〔 ア 〕・〔 イ 〕に適語を書きなさい。

　　2005年から急激に割合が増えたのは若年者が多い〔ア　　　　　　　　〕で，2010年以降は〔イ　　　　　　　　〕の割合が急増している。

③資料②と③から読み取った医療や年金，生活保護費用の負担を担う生産年齢人口の占める割合はどう推移し，今後高齢者に対する割合はどうなっていくか。資料①「人口の高齢化とその重み」を参考にして，次の文章の〔 ア 〕・〔 イ 〕に数値を入れてみよう。

　　現時点で約〔ア　　　　　　〕％まで減少し，2065年には生産年齢人口〔イ　　　　　　〕人で1人の高齢者を支える。

●時事ノート 年金制度改革（教科書p.161）

①現役世代の負担を減らすため，現在どのような措置をとっているか，本文からまとめてみよう。

〔　　　　　　　　　　　　　　　　　　　　　　　　　　　　　　　　〕

②基礎年金の財源を社会保険方式から税方式に変更する議論に関して，次の文の中で税方式を説明しているものを二つ選びなさい。　　　　　　　　　　　　　　　　　〔　　　　　　　〕

A　各人が自分の人生におけるリスクに，自らの備えで対応するもの

B　個人のリスクを社会全体で共有するもの

C　この方式にすると，低年金者や無年金者があらわれる

D　負担と給付の関係が不明確になり，場合によっては不公平感が生じる

Check 資料読解 ①資料①「社会保障の国際比較」を参考にして，次の文章の〔 ア 〕〜〔 エ 〕に適語を書きなさい。

　　国民負担率を見ると，スウェーデンは〔ア　　　　　　　　〕の比率が大きく，ドイツやフランスでは〔イ　　　　　　　　〕の比率が比較的大きい。また社会保障給付費では，個人に直接支払われる〔ウ　　　　　　〕の比率が比較的大きいドイツやフランスに対して，スウェーデンでは〔エ　　　　　　　　〕の比率が最も大きな割合を占めている。こうした状況から，「北欧型」と「ヨーロッパ大陸型」の制度を特徴づけることができる。

②会話文の中でミキさんが授業料の指摘をしているが，資料❸「教育支出の国際比較」から，教育支出の中で公費支出の割合が高い割合を占める国を三つあげてみよう。

〔　　　　　　　　　　　　　　　　　〕

③会話文の中でケン君が失業中の兄の苦労を指摘しているが，❷「政策分野別社会支出の国際比較」から，積極的雇用政策や失業の項目に多く支出している国をあげ，日本のおよそ何倍か考えてみよう。

＊小数点以下は四捨五入。　　　　　　国名〔　　　　　〕　およそ〔　　　〕倍

④資料❶「社会保障の国際比較」と❹「諸外国の福祉政策」を参考にして，右のマトリクス表に関して答えなさい。

問1　日本より国民負担率が低く，社会保障給付費も低いアメリカは，A〜Dのどの位置にあると考えられますか。〔　　　　〕

問2　スウェーデンはA〜Dのどの位置にあると考えられますか。〔　　　　〕

問3　今後の日本はA〜Dのどの方向に進めるべきだと考えますか。〔　　　　〕

（マトリクス表）
高福祉
A　　B
低負担 ← 日本 → 高負担
C　　D
低福祉

Try　①あなたは，今後日本は，どのような分野への支出を充実させていくべきと考えますか。会話文のほか，格差や貧困問題なども振り返り，根拠となる資料をあげながら自分の意見をまとめてみよう。

①どのような分野への支出を充実させるべきと考えますか

②自分の立場の根拠となる資料や，考え方を書いてみよう

②そのうえで，必要となる財源について，社会全体で負担する税などの公費がよいのか，自己責任による民間保険などの私費がよいのかを検討し，どのような社会をめざすのか，話しあってみよう。

自分の考え	他の人の考え
①財源は公費か私費か	①
② ①の根拠となる資料を選んでみよう	②
③あなたがめざす社会はどのような社会ですか	③

1 次の会話文中の下線部ⓐにおける先生の問いかけを踏まえ，　A　と　B　に入る発言として最も適当なものを，次の①〜④のうちから一つ選べ。　　（大学入学共通テスト（現代社会）・2021年第1日程）

先　生：他にも，政府には大事な働きがあるよ。多くの一般道は国や自治体が作ったものだけど，一般道には二つの特徴的な性質がある。第一に，渋滞していない限り，ある人が道路を通っても，それによって他の人が通れる道路の量が減ったりはしないよね。こういう性質のことを「非競合性」と呼ぶよ。第二に，一般道のあちこちに料金所を置くのは無理だから，通行料を支払った人にしか道路を使わせない，ということはできないね。こういった性質のことを「非排除性」と呼ぶんだ。では，ⓐこの非排除性を念頭において，もし政府が道路を作ることに関与せず，その供給をすべて企業に任せると，何が起きるか考えてごらん。

タカギ：ああ，そうか。　A　から，企業は　B　わけですね。

先　生：そのとおり。だから，この一般道のような財は，供給を企業だけに任せると社会にとって望ましくない結果をもたらすので，政府の働きが必要になるんだ。こうした財を「公共財」と言うよ。世の中には他にも，「非競合性をもつけど非排除性はもたない財」や「非排除性をもつけど非競合性はもたない財」もあるよ。調べてみよう。

①　A　一般道を作るためには行政上の複雑な手続きが必要となる
　　B　社会で必要とされる量の道路を作ろうとしない
②　A　一般道を使う人はお金を支払わない
　　B　社会で必要とされる量の道路を作ろうとしない
③　A　一般道を作り過ぎても損をする心配がない
　　B　社会で必要とされる以上に道路を作ろうとする
④　A　一般道は世の中のあらゆる人が利用する可能性がある
　　B　社会で必要とされる以上に道路を作ろうとする

〔　　　　〕

2 日本のGDPに含まれるものを次のA〜Cからすべて選んだとき，その組合せとして最も適当なものを，下の①〜⑧のうちから一つ選べ。　　（大学入学共通テスト（現代社会）・2021年第1日程）

A　日本のプロ野球でプレーするアメリカ人選手に球団が支払った年俸
B　日本人アーティストがイギリスで行ったコンサートの興業収入
C　日本の温泉地を訪れた中国からの観光客が旅館に支払った宿泊料

①　AとBとC　　②　AとB　　③　AとC　　④　BとC
⑤　A　　　　　⑥　B　　　　⑦　C　　　　⑧　日本のGDPに含まれるものはない

〔　　　　〕

3 次の五つの折れ線グラフは，日本の経済成長率の推移を10年ごとにまとめたものであり，1960年代，1970年代，1980年代，1990年代，2000年代のいずれかのデータを示している。グラフの横軸は時系列を示しており，例えば1960年代のグラフでは0〜9の数字がそれぞれ1960〜1969年の各年を表している。縦軸の数値は実質GDPに基づく年ごとの経済成長率を，パーセントで表したものである。1980年代の経済成長率のグラフとして最も適当なものを，次の①〜⑤のうちから一つ選べ。

（大学入学共通テスト（現代社会）・2021年第1日程を一部改変）

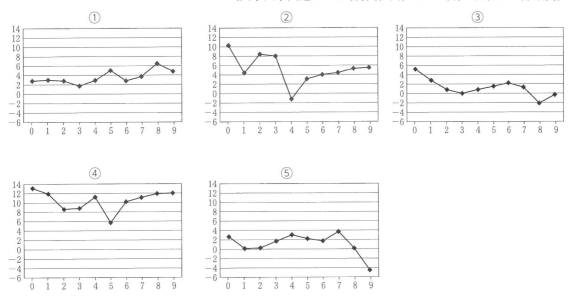

内閣府経済社会総合研究所編『長期遡及主要系列国民経済計算報告―平成2年基準（昭和30年〜平成10年）』および内閣府経済社会総合研究所「2009（平成21）年度国民経済計算（2000年基準・93SNA）遡及推計」（内閣府経済社会総合研究所Webページ）により作成。

〔　　　〕

4 労働市場における需要と供給について，様々な意見を述べた次の会話文中の　A　〜　C　に入る語句の組合せとして最も適当なものを，下の①〜⑧のうちから一つ選べ。

（大学入学共通テスト（現代社会）・2021年第1日程を一部改変）

シマダ：日本は少子高齢化が進んで，働く年齢層の人が減っていると聞きました。これは労働市場における　A　が減少しているということですよね。

ナカイ：企業の方も，人手不足に対応するべく，省力化を進めていくんじゃないかと思います。店員を雇わなくてもよい無人コンビニなどが増えていくと，コンビニ業界の労働市場における　B　が減少するかもしれません。

タカギ：私は女性の働き方に関心があります。雇われて働こうとする女性が増えるということは，労働市場における　C　の増加を意味するわけですね。

① A 需要　B 需要　C 需要
② A 需要　B 需要　C 供給
③ A 需要　B 供給　C 需要
④ A 需要　B 供給　C 供給
⑤ A 供給　B 需要　C 需要
⑥ A 供給　B 需要　C 供給
⑦ A 供給　B 供給　C 需要
⑧ A 供給　B 供給　C 供給

〔　　　〕

5 次の会話文では，生徒Xが生徒Y・生徒Zに複数の資料を示し，3人で地域条件を踏まえた買い物弱者問題対策のあり方について議論している。会話文で生徒Yと生徒Zが異なる意見を示したのは，会話文中の「資料」の解釈に相違があったからだと考えられる。両者は，下の資料アか資料イのどちらか一つの資料を参考にして主張している。両者による資料の解釈の相違を説明した記述として最も適当なものを，下の①～④のうちから一つ選べ。

（大学入学共通テスト（現代社会）・2021年第1日程を一部改変）

X：地域の人口特性や交通条件が異なれば，日常的な買い物での不便や苦労も違ってくると思うんだ。こうした条件や住民のニーズを踏まえて買い物弱者問題に対処するのが，自治体の重要な役割だと思うんだよね。

Y：自治体は買い物弱者問題に深く関わるということに慎重であるべきだと，私は思うな。「多くの自治体では財政状況が厳しい」と先生が言っていたよね。支出を抑えるためにも，自治体はなるべく介入しない方がいいと思うよ。それに自分たちの生活に関わることなんだから，あくまで住民が知恵を出し合って自律的に解決方法を探る方が，望ましい対策ができるよ。手元には限られたデータしかないのでこの資料を基に考えたんだけど，人と人とのつながりが比較的よくみられる地域では，住民の力を活用できる可能性があるんじゃないかな。

Z：住民同士の協働が自然に出来るのに期待するのは楽観的すぎるよ。Yさんが見ているその資料によれば，人と人とのつながりは，地域によって随分異なると考えられるよね。住民の力を活用するのが難しい地域のことも考えないと。

X：住民同士の協働は大切だけど，例えば近所に住む人同士が知り合うためのきっかけとして，一緒に食事をする機会を作るなど，まずは，人と人とのつながりを開拓する取組みを推進すべき地域もあるということだね。

資料ア　現在の地域での付き合いの程度（平成31年2月）

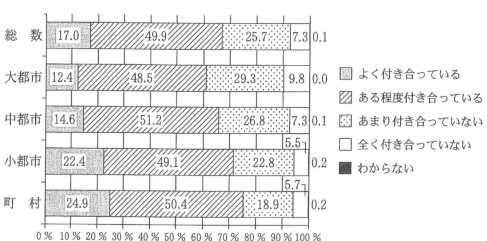

（注）資料アは「あなたは，地域での付き合いをどの程度していますか。この中から1つだけお答えください」という質問に対する回答結果である。大都市とは東京都区部と政令指定都市，中都市とは大都市以外の人口10万人以上の市，小都市とは人口10万人未満の市，町村とは町村部を指す。四捨五入のため，各項目の合計の数値が100％にならない場合がある。
内閣府大臣官房政府広報室『社会意識に関する世論調査』（平成31年2月）により作成。

資料イ　食料品の買い物で不便や苦労を感じている人の割合と構成比（地域活動への参加度別）

	不便や苦労を感じている人の割合(%)		構成比(%)	
	A 地域	B 地域	A 地域	B 地域
総　　　数	45.3	46.1	100.0	100.0
参加のみならず企画・立案もしている	41.2	43.4	1.9	6.7
自ら進んで参加している	32.9	37.1	10.5	23.4
人に誘われれば参加している	51.5	48.1	12.1	36.9
参加していない	45.6	49.7	75.4	33.0

(注1)資料イのA地域は大都市の通勤圏内にある中都市の丘陵地，B地域は山地内の山村である。世帯数はA地域が約2,400世帯，B地域が約2,100世帯である。

(注2)「構成比」は，各地域全体に占める割合を示している。四捨五入のため，「構成比」の合計が100%にならない場合もある。

農林水産省農林水産政策研究所「食品アクセス問題の現状と対応方向－いわゆるフードデザート問題をめぐって」(平成24年)(農林水産省Webページ)により作成。

① 生徒Yは，資料アを基に，地域の人と「よく付き合っている」人の割合が，都市規模の中で町村が最も高いことに着目し，それを根拠にして主張している。それに対して，生徒Zは，資料アを基に，地域の人と「よく付き合っている」人の割合が町村でも低下していることに着目し，それを根拠にして主張している。

② 生徒Yは，資料イを基に，A地域・B地域ともに「参加のみならず企画・立案もしている」人も「参加していない」人も，不便や苦労を感じている人の割合が4割以上であることに着目し，それを根拠にして主張している。それに対して，生徒Zは，資料イを基に，A地域で地域活動に参加している人の構成比がB地域よりも低いことに着目し，それを根拠にして主張している。

③ 生徒Yは，資料イを基に，B地域の地域活動に参加している人の構成比がA地域よりも高いことに着目し，それを根拠にして主張している。それに対して，生徒Zは，資料イを基に，両地域の地域活動に「自ら進んで参加している」人において，不便や苦労を感じている人の割合が他の項目よりも低いことに着目し，それを根拠にして主張している。

④ 生徒Yは，資料アを基に，地域の人と「よく付き合っている」人の割合が高い傾向にある都市規模だけに着目し，それを根拠にして主張している。それに対して，生徒Zは，資料アを基に，地域での付き合いの程度が都市規模の大小によって異なることに着目し，それを根拠にして主張している。

[　　　]

6 循環型社会を推進するための施策として，3Rが提唱されている。次のア～エのうち，3Rに該当するものを，循環型社会形成推進基本法の下で定められている施策の優先順位の高い方から並べたものとして最も適当なものを，下の①～⑧のうちから一つ選べ。

(大学入学共通テスト(現代社会)・2021年第1日程を一部改変)

ア　使用済みの食品トレーを回収し，それを，新たなプラスチック製品の原料として使用する。

イ　廃棄されたプラスチックゴミを適切に埋め立てる。

ウ　ストローやレジ袋等の使い捨てプラスチック製品の利用量を削減する。

エ　イベント会場などで，飲料用のプラスチックカップを使用後に回収し，洗浄・殺菌・消毒等をして何度も使用する。

① ア→イ→ウ　　② ア→エ→イ　　③ イ→ア→エ　　④ イ→ウ→エ
⑤ ウ→ア→イ　　⑥ ウ→エ→ア　　⑦ エ→ア→ウ　　⑧ エ→イ→ウ

[　　　]

●今の世界は平和なのか。理由も含めて書いてみよう。

1 国際社会と国際法

教科書　p.168〜169

》 主権
国家の政治のあり方を最終的に決定する力をもつという対内的側面と、ほかのいかなる力からも独立しているという対外的側面がある。

》 グロチウス
オランダの法学者。『戦争と平和の法』で、何が正しい戦争かまた戦闘方法の制限などを論じ、「国際法の父」と呼ばれる。
(→教p.168 ■)

国際政治の成立

国際政治…国際社会において、国家が互いの利益を調整する営み
　　　　　　　　　└→ 領域、国民、主権からなる

国際法の発達

【国際法とは】

[① 　　　　　]…外交や貿易に関する国際社会のルール
　　　　　　　　　領土問題や武力紛争解決の指針

[② 　　　　　]…国家間の文書による合意
＝成文法　　　…協定・協約・宣言・憲章などの名称をもつ

[③ 　　　　　　]…多数の国家間で長期間にわたって了解されてきた
＝不文法　　　　ことがら

【国際法の発達】

・不文法から成文法へ…国際社会の広がりによって成文法が求められる
・内容の広がり…人権・環境に関する条約など

国際法の変化

【戦争の違法化】

1919年　国際連盟規約…前文で不戦の約束
1928年　戦争放棄に関する条約([④ 　　　　　　　])…戦争自体を違法化
1945年　国際連合憲章…武力による威嚇・行使も禁止

》〔⑤〕
1948年に国連総会で採択された、個人と国家が達成すべき人権保障の共通の基準。

》〔⑥〕
[社会権規約]…経済的・社会的・文化的権利を保障
…選択議定書(個人通報制度を規定)
[自由権規約]…市民的・政治的権利を保障
…選択議定書(個人通報制度を規定)
…第二選択議定書(死刑制度の廃止を規定)
→ 日本はどの選択議定書も批准していない
理由 = 司法権の独立への影響を考慮
(→教p.169＊1)

【国際的な人権保障の実現】

1948年　ジェノサイド条約(集団殺害罪の防止)
　　　　　[⑤ 　　　　　　　]
1966年　[⑥ 　　　　　　　　]…[⑤]を具体化
・グローバル化の進展とともに、人権擁護や環境保護の規制の必要性が高まる
　→国際法の内容も豊富に

領土問題

領土問題…特定の地域が「どの国家の領土であるか」をめぐって、国家間の主張
　　　　　が対立すること
　[背景]…国境線にかかわる条約の解釈の違い
　　　　　…その地域を発見した順番をめぐる解釈の違い　など
　[解決にむけて]…その地域に住む人々も含め、さまざまな立場を考慮
　　　　　　　　　…冷静な話しあい

❶ 国際政治の変化

軍事力による政治から，法の支配に基づく政治へ

↑ 〔⑦　　　　　　　　　　〕（ICJ）…国家間の紛争解決

〔⑧　　　　　　　　　　〕（ICC）…個人の戦争犯罪などを裁く

〔⑨　　　　　　　〕（非政府組織）の活動が寄与

　…環境保護，人権擁護，軍縮条約作成への関与 など

≫〔⑨〕
地球的規模の問題に取り組む非営利的な自発的民間団体。アムネスティ・インターナショナルやグリーンピースなどがある。
（→圀 p.169＊2）

MEMO

問 教科書p.168〜169の内容を参考に，次の文章の〔 ア 〕〜〔 ウ 〕に適語を書きなさい。

1　1948年には，個人と国家が達成すべき人権保障の共通の基準を示した〔ア　　　　　　　　　　〕が採択された。

2　1966年には，これを具体化し各国を法的に拘束する〔イ　　　　　　　　　〕が採択され，1976年に発効した。日本は，一部保留の上，1979年に批准した。なおB規約（自由権規約）の権利侵害の被害者が自由権規約委員会に救済を申し出ることを認めた選択議定書と，〔ウ　　　　　　　　〕をめざす第二選択議定書をまだ批准していない。

Check 資料読解　教科書p.169の資料5「国連主要人権条約一覧」　日本が未批准の条約や批准年の遅い条約があるのはなぜか，考えてみよう。

Try　領土問題をどのように解決すべきか，法の支配という観点から考えてみよう。

国際連盟の成立と崩壊

〔① 　　　　　　　　　〕成立（1920年）

　…勢力均衡に代わって〔② 　　　　　　　　　　〕を採用

　　＊同盟間の軍備拡張競争・対立を激化させ，第一次世界大戦を招いた

【国際連盟の問題点】

❶アメリカが議会の反対で未加盟

❷ソ連の加盟は一時期のみ

❸主要国であった日本・ドイツ・イタリアが脱退

　→〔②〕が形だけになる

❹議決は〔③ 　　　　　　　　〕制のため意思決定が困難

　→第二次世界大戦を防ぐことができず，崩壊

国連と集団安全保障

〔④ 　　　　　　　　　〕成立（1945年）

・〔②〕の強化…戦争を含むあらゆる武力の行使を禁止

　　…〔⑤ 　　　　　　　　　　　　〕に平和維持の責任をもたせる

> ・〔⑥ 　　　　　　　〕…アメリカ，ソ連（現ロシア），
> 　　　　　　　　　　　　イギリス，フランス，中国
> ・侵略や平和を破壊する行為をおこなった国に対して，
> 　経済制裁・軍事制裁など強制措置を決定
> ・大国の対立を防ぐため，〔⑦ 　　　　　〕を認める
> 　＝〔⑧ 　　　　　　　　〕の原則

・表決方法として〔⑨ 　　　　　　〕を採用した

・〔⑩ 　　　　　　　　　　〕（ＰＫＯ）

　　…停戦監視やパトロールなどを遂行する

[PKO成立の理由]

・冷戦期に拒否権のため安全保障理事会が機能しなかったため

・国連憲章が予定していた国連軍も結成されなかったため

国際組織の協力ネットワーク

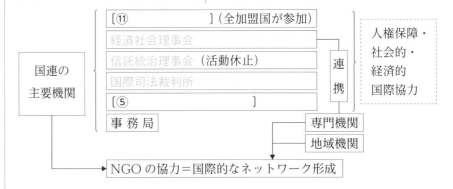

勢力均衡と〔②〕
勢力均衡は，対立する諸国家がそれぞれ同盟を形成し，軍事力を均衡させて平和を維持しようとする政策。〔②〕は，対立する国々も含めた体制を築き，戦争を法により禁止し，違法な戦争をした国に対し，集団的に制裁を加えることで，平和の維持・回復をはかる政策。（→國p.170コラム）

「平和のための結集」決議
1950年，国連総会は，安保理が拒否権行使によって本来の任務を果たせない場合に，総会が，強制措置をとることについて勧告するなど，平和維持の責任を果たすための緊急会合を開催できることを決議した。（→國p.170❶）

国連軍
安全保障理事会による強制措置の発動は，安保理と加盟国との特別協定に基づく国連軍によりおこなわれる。しかし，このような協定は成立したことがなく，憲章が予定する正式な国連軍は組織されていない。（→國p.171＊1）

● 国連の課題

【平和の問題】

大国の利害の衝突による機能まひなど ⎫ 安保理の民主的
国家間の協力が難しくなる ⎭ 改革の必要

【財政の問題】

国連予算は加盟国政府の分担金から成り立つ

→ＰＫＯ費用などが増加しているなか，分担金未払いの問題も

》》安保理改革

常任理事国を含む理事国数を増やすことや，常任理事国の拒否権に制限を加えることなどが検討されている。

MEMO

Check 資料読解 　１教科書p.170のコラム１「勢力均衡，集団安全保障，集団的自衛権」の図に関して，勢力均衡にも集団的自衛権にも当てはまる内容を示した以下の文の空欄に当てはまる語句を書きなさい。

共同防衛の約束を通じた〔　　　　　　〕を形成する。

２次にあげる文は，それぞれＡ-勢力均衡，Ｂ-集団安全保障，Ｃ-集団的自衛権，Ｄ-個別的自衛権のうちどれを説明したものか記号で答えなさい。

① 対立する諸国家間で軍備増強・同盟形成を通じて安全を確保しようとする政策。　　　　〔　　　〕

② 自国が攻撃を受けていないにもかかわらず，同盟など密接な関係をもつ国が攻撃を受けた場合に共同して反撃する権利。　　　　〔　　　〕

③ 対立する国々も含めた包括的な体制を築き，戦争を法によって禁じたうえで，違法な戦争をした国に対し，集団で制裁を加えることで，平和の維持・回復を図る体制。　　　　〔　　　〕

④ 他国からの急迫不正な侵害を受けたとき，自国を守るために必要な措置をとる権利。　〔　　　〕

Try 次にあげる役割や仕事は，国連のどの専門機関のものか，語群から選んで空欄に書きなさい。

1	加盟国における深刻かつ組織的人権侵害に対処する。
2	発展途上国の経済開発を促進し，南北間格差を是正する。
3	地球規模の環境課題について指導的役割を果たし，各国の協力を促す。
4	世界の労働者の労働条件と生活水準の向上のため，各国の協力を促す。
5	国際金融および為替相場の安定をめざす。
6	健康を基本的人権として，その達成をめざす。

〈語群〉　国際労働機関　　　国連貿易開発会議　　　人権理事会
　　　　　国際通貨基金　　　世界保健機関　　　　　国連環境計画

》》》「鉄のカーテン」演説
イギリスのチャーチルは，1946年に西側と東側の間に「鉄のカーテン」が引かれていると演説した。

冷戦の終結

【冷戦の構造】

西　側	対立が表面化	東　側
アメリカ中心 資本主義諸国	←→	ソ連中心 社会主義諸国

米ソ間の直接衝突はない…冷たい戦争＝〔①　　　　　　〕

米ソの直接衝突はなかったが，東西両陣営による軍事衝突が発生

　→〔②　　　　　　　〕，〔③　　　　　　　　　〕などが勃発

【冷戦の終結】

1980年代後半　米ソ関係が対立から協調へ変化

1989年　米ソ首脳による冷戦終結宣言 → 東欧の民主化，共産党政権の崩壊

1991年　ソ連解体

安全保障対話の進展

【ヨーロッパの動向】

・〔④　　　　　　〕(欧州連合)の誕生…外交・安全保障面での連携強化

　　　　　　　　　　　　　…政治的統合も進む

・〔⑤　　　　　　　〕の東方拡大

　　…東欧諸国もふくめたヨーロッパ全体の安全保障のための組織へ

【アジアの動向】

・〔⑥　　　　　　　〕の発足…ＡＳＥＡＮ地域フォーラム

　　　　　　　　　　　　→多国間での安全保障対話の推進

》》》ＥＵの誕生・連携強化
加盟国は中・東欧諸国にまで拡大した。2009年にはリスボン条約が発効し，ＥＵの大統領格と外相格の代表職が誕生した。
（→図p.172❶）

不安定な世界

冷戦の終結→〔⑦　　　　　　　〕…イラクのクウェート侵攻がきっかけ

　　　　→地域・〔⑧　　　　　　　〕の多発　　(例) 旧ユーゴスラビア内戦

【新しい脅威】

テロリズムの拡大

　2001年　〔⑨　　　　　　　　　　　　〕

　　　　　　　↓

　　　　　　アメリカ主導の「対テロ戦争」開始

　2001年　〔⑩　　　　　　　　　　　〕で報復攻撃

　　　　　　　↓

　　　　　　アメリカが〔⑪　　　　　　　　　〕的な傾向を強める

　2003年　〔⑫　　　　　　　〕

　　　　　…大量破壊兵器計画の疑惑を根拠に侵攻

　　　　　…安保理の「明確な」決議がないまま開戦

　　　　　　→アメリカに対する疑念と不信感が高まる

地域大国の台頭と多極化する世界

【大国の対立】ロシアや中国が大国として他国へ大きな影響力

・ロシア…〔⑬　　　　　　　　　〕の編入問題やウクライナ侵攻

・中国…沿岸国との領有権紛争

》》》〔⑨〕
テロリストにハイジャックされた航空機のうち2機がニューヨークの貿易センタービルに，1機が国防総省本部(ペンタゴン)に激突した事件。

》》》〔⑪〕
国際問題への対処に当たって，1国主導で解決しようとする立場。
（→図p.173❸）

》》》ウクライナ侵攻
かつてソ連を構成したウクライナでは，親ロシア派のロシア系住民と親欧米派の政府が対立した。2014年のロシアによる一方的なクリミア半島の占領宣言以後も，ウクライナ東部において内戦は続き，2022年2月，ロシア軍はウクライナへ侵攻した。（→図p.173❹）

【北アフリカ，中東地域の民主化】

2010年末～ チュニジアで反政府デモ

→エジプト，リビア，シリアへ拡大

➡ 「[⑭　　　　　　　　　　]」

→エジプトのクーデタやシリア内戦などで停滞

＊アメリカ一国が突出した力をもつ構造からの多極化が進む

MEMO

Check 資料読解　　①教科書p.172の資料❷「第二次世界大戦後の主な地域紛争・民族紛争」 冷戦終結後はどのような場所で発生しているのか，確認してみよう。

1990～94年	〔　　　　　　　　〕紛争	2003年～	〔　　　　　　　　　　〕紛争
2014～15年，22年～	〔　　　　　　　　〕紛争	1991～95年	〔　　　　　　　　　　〕内戦
1994～2009年	〔　　　　　　　　〕紛争	2003年	〔　　　　　　〕戦争
1991年	〔　　　　　　　〕内戦	1991年	〔　　　　　　〕戦争

②また，それらはどのような地域か。

Try　こんにちの国際社会において，各国がその国益をこえて解決すべき課題にはどのようなものがあるか，考えてみよう。

4 人種・民族問題

〉〉〉〔②〕
人種差別に抗議し，白人と同等の権利の保障を要求した運動。キング牧師(1929〜68年)の指導による非暴力の抵抗運動として広がっていった。(→図p.174＊1)

〉〉〉人種差別撤廃条約
国連の場でも，1965年に人種差別撤廃条約が採択され，締約国に対して社会生活での人種差別を撤廃することを義務づけた(日本は1995年に批准)。(→図p.174❶)

〉〉〉〔④〕
人種や宗教または政治的意見の違いにより迫害を受ける十分な理由があるために国外に逃れた人々。
(→図p.175＊3)

人種問題の展開

[①　　　　　　　　　]

　…皮膚の色などの身体的特徴による差別的扱いから生じる問題

[アメリカ]黒人に対する差別…[②　　　　　　　　　](1950〜60年代)

　　　　　　　　　　　　　　→公民権法の制定，黒人の社会進出

[南アフリカ]白人による黒人支配＝[③　　　　　　　　　　](隔離)政策

　　　　　1991年に廃止，1994年に全人種による選挙

　　　　　→黒人初の大統領(ネルソン＝マンデラ)

民族問題と難民

民族…言語や宗教などについて，歴史的・文化的な共通性をもつ集団

　　　…集団への帰属意識をもつ人々の集まり

民族問題…政治的な抑圧からの解放，独立，自治を求めることから生じる対立

　　　　…主に支配的民族による少数民族に対する抑圧

民族対立の結果，大量の[④　　　　　]が発生

[難民保護を定めた条約]

1951年　難民の地位に関する条約(難民条約)

1967年　難民の地位に関する議定書(難民議定書)

＊[⑤　　　　　　　　　　　]の原則

　　…難民を迫害するおそれのある国へ追放したり，送還したりしてはならない

　　[⑥　　　　　　　　　　　　　](UNHCR)

　　　…1950年に国連総会で設立が決定

　　　…NGOの協力も得て難民問題に積極的に取り組む

[パレスチナ問題]

第二次世界大戦後，ユダヤ人がパレスチナにイスラエルを建国

→先住のアラブ人(パレスチナ人)が難民となり，国家を樹立

　→イスラエルとの紛争や対立

[旧ユーゴスラビア内戦]

ボスニア・ヘルツェゴビナで[⑦　　　　　　　]とも呼ばれる殺戮

[コソボ紛争]

セルビアから独立を宣言したコソボ自治州に，セルビアが軍事介入

→犠牲者救済のためNATOが武力介入＝「[⑧　　　　　　　　]」

[チェチェン紛争]

ロシアからの完全独立を求めるチェチェン共和国にロシア軍が侵攻

[アフリカにおける部族間紛争]

独裁的な支配者による抑圧的な政治→国家が破綻，対立が表面化

[アジア]

ミャンマーで少数民族ロヒンギャに対する軍事的弾圧

● 民族問題解決に向けて

[⑨　　　　　　　　　　　　]

　…人々を統合する原理→民族国家の形成，植民地解放の原動力

　…人々を分裂させる原理→[⑩　　　　　　　　　　　]

　　　　　　　　　（＝エスノセントリズム）→ マイノリティの抑圧

　→[⑪　　　　　　　　　]が重要

　　　…互いの文化・宗教などを尊重しあい共生をめざす

≫≫マイノリティ（少数派）
一般的には，種族や宗教または言語を基準として，一国のなかで支配的な集団となっていない集団をさす。
（→圏p.175＊4）

MEMO

Check 教科書p.175の資料「難民と国内避難民の推移」　難民と国内避難民が急増した時期を確認し，その原因となった紛争や内戦を教科書p.172〜175を見てあげてみよう。次の文章の〔ア〕〜〔カ〕に適語を書きなさい。

　　東西[ア　　　　　　　　]後は，世界各地で民族問題が噴出した。難民が急増したのは，[イ　　　　　]年代初めと，[ウ　　　　　]年代半ばからである。

　　原因として考えられる紛争や内戦としては，1991年の[エ　　　　　　　　]や2003年の[オ　　　　　　　]，2011年の[カ　　　　　　　]などがある。

Try 民族問題の解決策について，人間の尊厳と平等の観点から話しあって考えてみよう。

	自分の考え	他の人の考え
人間の尊厳		
平等		

■ **恐怖の均衡**

[①　　　　　　　　　]…核報復のおどしで相手の侵略行為を思いとどまらせる
考え方

結果　　　　…アメリカとソ連が，東西冷戦下における
核兵器開発競争を正当化するための理論

核による均衡

| アメリカ | ←= 「[②　　　　　　　　]」→ | ソ連 |

核兵器で報復できる能力を互いに備える

→核軍拡にともなう莫大な軍事費，米ソの大幅な財政赤字＝[①]の限界

■ **軍縮の現状と課題**

[米ソ(ロ)間の核削減条約の実現]

1987年	[③　　　　　　　　　　　] …史上はじめての核兵器削減条約 →アメリカが破棄を通告し，2019年失効
1991年	[④　　　　　　　　　](ＳＴＡＲＴ) …米ソが保有している戦略核戦力の削減
2002年	戦略攻撃兵器削減条約(モスクワ条約) …戦略核兵器の核弾頭数の削減
2010年	新ＳＴＡＲＴ…戦略兵器の核弾頭数の大幅削減

[核軍縮に向けた課題]

1968年	[⑤　　　　　　　　　　　](ＮＰＴ) …核保有国の増加防止→1995年に無期限延長
1996年	[⑥　　　　　　　　　　　](ＣＴＢＴ) …核兵器の開発抑止→未発効

＊ インド，パキスタン，北朝鮮による核実験など，核廃絶への課題も多い

[通常兵器の削減]対人地雷，クラスター爆弾など

…戦闘終結後も多くの不発弾が残り，子どもなどの非戦闘員が被害を受ける
→対人地雷禁止条約，クラスター弾に関する条約など

■ **核廃絶をめざして**

[冷戦期における反核運動の広がり]

1954年	アメリカの水爆実験(ビキニ環礁) →日本の漁船[⑦　　　　　　　]被爆
1955年	第1回[⑧　　　　　　　　　　　](日本)
1957年	[⑨　　　　　　　　　　] …科学者たちが集まり，核廃絶の提言をおこなう

[国連と核軍縮]

1978年	[⑩　　　　　　　　　] →国連総会による核軍縮勧告決議の採択

》》NPT
核兵器非保有国の核兵器の
製造および取得と，保有国
の非保有国に対する核兵器
の供与などを禁じている。
(→教p.178＊1)

》》CTBT
地下核実験を容認した部分
的核実験禁止条約(PTBT,
1963年調印)に対して，す
べての核爆発実験を禁じて
いるが，コンピュータによ
る実験などは許されている。
発効の見通しは立っていな
い。(→教p.178＊2)

1996年	国際司法裁判所の意見 →「核兵器の使用は一般的に国際法違反」	
2009年	国連安全保障理事会決議 →「核兵器のない世界」の実現をめざす	
2017年	国連で〔⑪　　　　　　　　　　　〕の採択	

>>>〔⑪〕と日本
日本政府は，核保有国と非保有国の亀裂を深め，核なき世界の実現が遠のくとして反対した。
(→図p.179❷)

MEMO

Check 資料読解 **教科書p.179の資料❶「核拡散の現状と非核地帯」を見て、次の非核地帯条約の対象地域を空欄に書きなさい。**

1　トラテロルコ条約　〔　　　　　　　〕

2　ラロトンガ条約　　〔　　　　　　　　〕

3　バンコク条約　　　〔　　　　　　　　　〕

4　ペリンダバ条約　　〔　　　　　　　　〕

Try　**核兵器禁止条約について，①被爆国日本が核兵器禁止条約に反対した根拠は何か，②自分はどう思うかについてそれぞれ答えなさい。**

①

②

戦後日本外交の原則

【国際社会への復帰】

1945年	敗戦→連合国による占領
1951年	〔①　　　　　　　　　　　　　　　〕調印 …連合国48か国と締結(独立の回復) 　[問題点]社会主義国は署名せず(＝片面講和) 　　　→日本の国連加盟が認められず 〔②　　　　　　　　　　　　　〕調印 …アメリカ軍の駐留継続 　　　→独立後の日本は西側の陣営に組み込まれる
1956年	〔③　　　　　　　　　　　〕…ソ連との国交回復 　→日本の国連加盟が実現 　　→日本とソ連の間の戦争状態を終結 　　　→外交・領事関係が回復

【日本の戦後外交の3原則】

❶〔④　　　　　　　〕中心主義
❷〔⑤　　　　　　　　　〕との協調
❸〔⑥　　　　　　　　〕の一員としての立場の維持

アジア諸国への協力と責任

戦争中，アジア地域の国々に対して被害と苦痛
　→戦後，賠償協定を結ぶなどして関係の改善をはかる

【朝鮮との関係】

・大韓民国
　1965年　〔⑦　　　　　　　　　　　〕調印→国交正常化
・朝鮮民主主義人民共和国
　1991年〜　国交正常化交渉をはじめるも，核開発問題，
　　　　　　　拉致問題のため進展せず

【中国との関係】

1972年　〔⑧　　　　　　　　　　　〕…戦争状態の終結
　　　　→日本，中華人民共和国を唯一の合法政府と認める
　　　　　→日中の国交正常化
1978年　〔⑨　　　　　　　　　　　〕締結

【残された課題】

・個人への謝罪や補償＝〔⑩　　　　　　　〕
・戦争や植民地支配に対する認識(歴史認識)の相違

》》【③】
両国間で平和条約の締結に関する交渉を継続し，条約が締結されたのちには，歯舞群島および色丹島を日本に引き渡すことが合意された。ソ連を継承したロシアとの平和条約は北方領土問題が解決していないため，未締結のままである。

》》賠償協定
賠償請求のあったビルマ(現ミャンマー)，フィリピン，インドネシア，旧南ベトナムと協定を締結した。中国，インドなどは，賠償請求権を放棄した。韓国とは日韓請求権協定が結ばれた。(→歴p.180❶)

》》【⑩】
国家間の賠償と異なり，個人が戦争によって被った損害に対して謝罪や補償を要求するもので，被害を受けたアジアの近隣諸国の人々などから，日本政府に対して補償を求める訴訟や運動がおこなわれている。(→歴p.181＊2)

【領土をめぐる問題】

❶ロシアとの関係…[⑪　　　　　　]問題

　…国後島・択捉島・歯舞群島・色丹島の領有権をめぐる問題

　　→第二次大戦後にソ連(ロシア)が不法に占拠しているとして,

　　　日本は交渉により解決して,平和条約の締結を望む

❷韓国との関係…[⑫　　　　　　]問題

　…日本が1905年の閣議決定で島根県に編入したが,韓国が不法占拠してい

　　るとして,この問題の国際司法裁判所への付託を提案

● 日本の果たすべき役割

第二次世界大戦後の経済復興により経済大国に成長

　→国際社会における役割・責任の拡大

[国際協力への要請]

　・自衛隊の海外派遣→国連PKOへの参加(人道支援,対米協力)

　・ODAなどを通じた経済協力(アジア諸国の経済発展)

[非軍事的な貢献]

　・地域の安定化や紛争終結後の社会再建を目的とした活動

　　=[⑬　　　　　　　　　　]…日本の国際協力の柱

》》》北方領土問題

サンフランシスコ平和条約で日本が領土権を放棄した千島列島に,国後島と択捉島が入るかについて,日ロ間で条約の解釈が異なる。ロシアは,ヤルタ協定で,千島列島がソ連にひき渡されることになっていたと主張する。一方,日本は,ヤルタ協定の当事国ではないため協定には拘束されないとし,両島は,日本「固有の領土」であり,放棄した千島列島には含まれないと主張する。

MEMO

📍Opinion　　平和主義の憲法をもつ日本は,国際平和の実現に向けどのような貢献ができるだろうか。自分の意見を書いてみよう。

第1章　この章の学習をまとめてみよう。

●世界平和への自分の考えはどのように変化したか,書いてみよう。

●世界経済が直面する問題にはどのようなものがあるか，予想してみよう。

1 貿易と国際収支

教科書　p.184〜185

私たちの生活と国際経済

外国からの輸入品…食料など一次産品，衣料品，電気製品など

→近年では，モノ(財)やカネ(資金)の取引が活発化，

さらに[① 　　　　　](労働力)や情報の交流，技術取引も拡大

→私たちの生活は国境をこえた経済取引のうえに成り立つ

自由貿易と保護貿易

> どの国もすべての財を自国で生産するよりも，それぞれが得意とする財の生産に[② 　　　　　]して，それを**輸出しあう**ほうが効率が良く，利益も多い

= [③ 　　　　　　　　　　　]
(貿易自由化の根拠)

[④ 　　　　　　]…国際分業の利益をはじめて理論化したもので，
イギリスの経済学者である[⑤ 　　　　　　]が
提唱した理論

…[⑥ 　　　　　]の根拠となる

[⑦ 　　　　　]…途上国の産業政策の根拠

…途上国の工業化と産業育成のために，一定期間，
[⑧ 　　　　　]などの規制をもうけて貿易を制限すること

…近年，先進国にも同様の動き

…ドイツの経済学者[⑨ 　　　　　　]が提唱

輸入と国内産業

貿易自由化によって輸入品が急増すると，競合する国内産業の衰退と失業問題が生じるおそれがある。
(→圏p.184❶)

〔⑦〕の手段

[⑧](輸入品に課される税)のほか，輸入数量制限などがあり，[⑧]以外の措置を非関税障壁という。
(→圏p.185❷)

近年の世界貿易

近年，製造業では生産工程を細分化しながら効率的に統合するグローバル・サプライチェーンが発展している。また，インターネットを利用して音楽データなどのデジタル情報を取引するデジタル貿易も急増している。(→圏p.185❸)

国際分業と多国籍企業

[⑩ 　　　　　　]…途上国が一次産品，先進国が工業製品を輸出しあう
貿易

[⑪ 　　　　　　]…途上国と先進国がたがいに工業製品を輸出しあう貿易

企業内貿易…多国籍企業の本社と外国にある子会社間の貿易

国際収支

[⑫ 　　　　　　]…外国との経済取引の結果を貨幣額であらわしたもの

経常収支…貿易・サービス収支，第一次所得収支・第二次所得収支

資本移転等収支…政府の対外援助など

[⑬ 　　　　　]収支…直接投資，証券投資など

誤差脱漏…全体の調整項目(統計上の不整合)

[経常収支]

外国からの貨幣の受け取り額＞支払い額…[⑭ 　　　　　　]

外国からの貨幣の受け取り額＜支払い額…[⑮ 　　　　　　]

日本の国際収支 最近の傾向

日本企業の海外活動の増加により，近年は第一次所得収支の黒字が貿易収支の黒字を上回るようになっている。貿易収支はおおむね均衡しており，日本の国際収支は比較的安定している。

[金融収支]

自国の対外資産と外国の対外負債が増加…[⑯   ]

自国の対外資産と外国の対外負債が減少…[⑰   ]

MEMO

Check 資料読解 教科書p.185の資料**3**「日本の国際収支」を参照して，次の文章の〔 ア 〕～〔 カ 〕に適語を書きなさい。

2000年と2022年を比較すると，経常収支において〔**ア**   〕が大幅に増えた結果，〔**イ**   〕収支の黒字が大幅に減ったが，〔**ウ**   〕収支の黒字が大幅に増えた。

金融収支においては〔**エ**   〕投資が大幅に増えた。

こんにちの日本の国際収支は，〔**オ**   〕ではなく，〔**カ**   〕によって経常収支の黒字を生みだしていることが読み取れる。

Try 教科書p.184～185を参照し，自由貿易と保護貿易について，それぞれのメリットとデメリットをまとめてみよう。

	自由貿易	保護貿易
メリット		
デメリット		

外国為替市場と為替レート

[① 　　　　　　　　]

…国際間の支払いや受け取りを金融機関の間の決済で振り替える方法

外国為替手形

…輸出者が輸入者に，お金を指定の銀行に支払うように依頼した証書

外国為替市場

…外国為替手形や異なる通貨(円⇔ドルなど)を売買する市場

[② 　　　　　　　　](為替相場)

…自国通貨と外国通貨の交換比率

…主要通貨の為替レートは[③ 　　　　　　　　]の関係で決まっている

　([④ 　　　　　　　]相場制)

円高・円安

[⑤ 　　　　　　]…円の価値が他国通貨と比べて**高い**状態

　[⑤]となる事例

　　…日本の輸出増加

　　→獲得した[⑥ 　　　　　]が外国為替市場で[⑦ 　　　　]に交換される

　　　→円需要が高まり，円高・[⑧ 　　　　　　　]へ

　　　　1ドル=200円→1ドル=100円(円高)

[⑨ 　　　　　　]…円の価値が他国通貨と比べて**低い**状態

　[⑨]となる事例

　　…アメリカの金利が日本の金利を上回った場合

　　→アメリカで資金を運用する人が増える

　　　→[⑩ 　　　　　]需要が高まり，円安・[⑪ 　　　　　　　]へ

　　　　1ドル=100円→1ドル=200円(円安)

円高の影響

①輸出品の現地価格[⑫ 　　　　　]→輸出[⑬ 　　　　　]

　→景気の悪化・GDP減少

②産業の[⑭ 　　　　　　　](現地生産)の加速

③輸入品の価格[⑮ 　　　　　]→物価の安定

円安の影響

①輸出品の現地価格[⑯ 　　　　　]→輸出[⑰ 　　　　　]

　→景気加速・GDP増加

②製造業が国内に生産拠点を移す動き

③燃料や原材料など輸入品の価格[⑱ 　　　　　　]→物価上昇

外国為替市場
証券取引所のような特定の取引場所があるわけではなく，基本的には電話回線で結ばれた銀行間の取引市場である。(→圀p.186❶)

外国為替市場への介入
政府と中央銀行が為替レートの安定化などのため，外国為替市場に介入することがある(市場介入)。たとえば，急激な円高の場合，財務省の要請のもと日本銀行は，円を売ってドルを買うこと(円売りドル買い介入)で，円相場を下げようとする。(→圀p.186❷)

Check 資料読解 教科書p.186のコラム「円高・円安」を参照し，次の文章の〔 ア 〕〜〔 エ 〕に適語を書きなさい。

①日本の輸出が増加 → 円に対する〔ア　　　　　　〕が増加 → 〔イ　　　　　〕・ドル安へ

②アメリカの金利＞日本の金利 → 〔ウ　　　　　　〕に対する需要増加 → 〔エ　　　　　　〕・円安へ

Try 教科書p.187の「円高　円安」の図を参照し，円高と円安がもたらす影響をまとめた次の文章の〔 ア 〕〜〔 カ 〕に適語を書きなさい。

【円高】

① 輸出品の現地価格上昇 → 〔ア　　　　　〕減少 → 景気悪化

② 海外投資増加 → 現地生産の加速・国内産業の〔イ　　　　　　〕

③ 輸入品の価格低下 → 〔ウ　　　　〕の安定

【円安】

① 輸出品の現地価格低下 → 〔エ　　　　　〕増加 → 景気加速

② 製造業が〔オ　　　　　〕に生産拠点を移す。

③ 燃料や原材料など輸入品の価格上昇 → 〔カ　　　　　〕上昇

IMF・GATT体制

1930年代　世界的な不況

　　　→自国の利益のみ追求

　　　　→閉鎖的な〔①　　　　　　　　　　　〕

　　　　　→資源の不足，限られた販売市場をめぐる競争激化

　　　　　　→〔②　　　　　　　　　　〕へ

1944年　〔③　　　　　　　　　　　　　〕を取り結ぶ

　　　…〔④　　　　　　　〕（国際通貨基金）

　　　　　　〔目的〕国際通貨の安定

　　　…〔⑤　　　　　　　　　　　　　　　〕（IBRD，世界銀行）

　　　　　　〔目的〕戦後復興と開発のための国際金融

1947年　〔⑥　　　　　　　　〕（関税と貿易に関する一般協定）

　　　　　　〔目的〕貿易の自由化

　　　→世界貿易の拡大による高水準の雇用と所得の実現をめざす

【IMF協定における制度】

〔⑦　　　　　　　　　　　　　〕…ドルと金との交換を可能にする制度

　　　　　　　　　　　　　…金1オンス⇔35ドル

〔⑧　　　　　　　　　　　　〕

　…ドルと各国通貨間の交換比率の変動を上下1％以内とする制度

　　→アメリカの通貨（ドル）が〔⑨　　　　　　　〕に

固定為替相場制から変動為替相場制へ

1960年代　アメリカの〔⑩　　　　　　　　　〕の悪化

　　→各国の公的機関が保有するドル総額がアメリカの金保有額を上回る

　　→ドルの信認が低下

1969年　〔⑪　　　　　　　　　〕（SDR）を創設

　　→ドルの信認低下はとまらず，ドルを金に交換する動きが増加

1971年　アメリカが金とドル交換停止を宣言

　　＝〔⑫　　　　　　　　　　　　〕

1973年　主要各国が〔⑬　　　　　　　　　　〕へ移行

1985年　〔⑭　　　　　　　　〕

　　　…アメリカの貿易赤字縮小のため各国の協調介入

　　　→〔⑮　　　　　〕需要が高まり，〔⑯　　　　　〕・ドル安へ

GATTからWTOへ

〔⑰　　　　　　　　　　　〕（ラウンド）の実施

　…関税引き下げ，輸入制限撤廃などを多国間で協議

〔⑱　　　　　　　　　　　　〕（1986年〜1993年）

　…サービス，知的財産権，農産物分野の貿易自由化と国際的なルールなどを
　協議

〉〉〉〔①〕圏
自国と友好国・植民地を高い関税障壁で保護し，ほかの地域からの輸入を締め出す経済圏。（→教p.188❶）

〉〉〉アメリカの〔⑩〕の悪化
の原因
①多国籍企業の海外投資
②西欧・日本の国際競争力上昇
③ベトナム戦費の増加
など

〉〉〉〔⑪〕（SDR）
金やドルに加えて新しく作られた準備資産。国際収支が赤字となった加盟国は，SDRと引きかえに黒字国からドルなど必要な外貨を引きだすことができる。（→教p.189＊1）

〉〉〉「双子の赤字」
1980年代前半，アメリカは，輸入超過による貿易赤字と軍事費の増大による財政赤字という「双子の赤字」に悩まされていた。（→教p.189❷）

〉〉〉セーフガード
輸入急増による国内産業の被害を軽減するための一時的に認められている緊急輸入制限のこと。一方，市場取引価格よりも低い価格での輸出は，ダンピング（不当廉売）輸出として不公正貿易とみなされ，制裁対象となる。（→教p.189❹）

〔⑲　　　　　　　　　　　〕(WTO)…1995年設立

　…貿易紛争処理の明確なルールと決定機構をもつ

〔⑳　　　　　　　　　　　〕(2001年～)

　…貿易と環境・労働，農産物における輸出国と輸入国の対立で包括合意を断

　念

MEMO

Check 資料読解　教科書p.188の資料**2**「円相場の推移」　変動相場制移行後，どのように変化してき
たのか。下の表の各事項後の円相場の説明として正しいものを，右の①～⑤から選び記入しなさい。

年	事項	記号
1971	ニクソン・ショック	
1985	プラザ合意	
1995	WTO発足	
2001	ドーハラウンド開始	
2008	世界金融危機	

①　1ドル120円前後の水準を推移した。

②　急激な円高で1ドル300円に近づいた。

③　20世紀中の最高値1ドル79円台を記録した。

④　1年で円高が100円ほど進んだ。

⑤　1ドル100円台を突破し，3年後には再び70円台を記録した。

Opinion　**公正な国際貿易とはどのようなものだろうか。下の観点について，知的財産権の保護を例
に考えた意見①と②を参考に，あなたの考えとその理由を書きなさい。**

【観点】発展途上国を優遇するべきか。

意見①　企業の新薬開発を促進するためには，たとえ人命にかかわる医薬品が対象でも，知的財産権の
　　　使用に当たってはルールどおりに特許料を支払うべきだ。

意見②　発展途上国は高額の医薬品を輸入できず，国内で開発するにしても高い特許料を払えないのだ
　　　から，知的財産権の使用や輸入において優遇されるべきだ。

優遇するべき／優遇するべきではない

(理由)

4 地域的経済統合の進展

● 経済統合の動き

特定の国や地域間における貿易自由化の動き

> [①　　　　　　](自由貿易協定)
>
> 　…特定の国・地域間の関税撤廃(モノやサービス貿易の自由化)
>
> [②　　　　　　](経済連携協定)
>
> 　…[①]に加えて，ヒト・資本・情報の交流なども含んだ経済統合

【ヨーロッパの経済統合】

1967年	[③　　　　　　](欧州共同体)発足
	…加盟国間の関税撤廃
1992年	市場統合を達成
	…ヒト・モノ・サービス・カネの自由な移動
1993年	[④　　　　　　　　　　]発効
	…[⑤　　　　　](欧州連合)発足
1999年	共通通貨[⑥　　　　　　]導入→2002年より流通

【EUが抱える課題】

[経済格差]

　西欧(高所得国中心)と中・東欧(低所得国中心)の間の格差

　　→経済的安定を求めて中・東欧から西欧諸国などへ人々が移動

[財政赤字の拡大]

　2009年，ギリシアで国債の返済が不能となる

　　[⑦　　　　　　　　　　](債務不履行)が表面化

　　　→EU経済全体へ信用不安が広がる

【北米・南米の動き】

[⑧　　　　　　　　　　](北米自由貿易協定)　1994年発足

　…北米規模で貿易と投資を自由化

[⑨　　　　　　　　　　　](南米南部共同市場)　1995年発足

　…南米諸国による関税同盟

【アジアの動き】

[⑩　　　　　　　　](ASEAN自由貿易地域)　1993年発足

　…ASEANによる関税同盟

[⑪　　　　　　　](地域的な包括的経済連携)　2022年発効

【環太平洋地域の動き】

[⑫　　　　　　](環太平洋パートナーシップ協定)　2018年発効

　…環太平洋地域において，農産物やサービス，労働など，幅広い分野で自由化をめざす

FTAAP(アジア太平洋自由貿易圏)　構想段階

　…[⑬　　　　　　](アジア太平洋経済協力)　1989年発足

　が進めている経済圏構想。[⑫]よりも広い領域。

》》　財政危機への対処
財政赤字問題はアイルランド，ポルトガル，スペイン，イタリアなどほかの加盟国にも波及し，ユーロに対する信認が揺らぎ，ユーロ安を招いた。
(→教p.190❶)

》》》[⑫]
原則すべての関税を撤廃する自由貿易協定。2006年にシンガポールなど4か国で発効したのち，アメリカや日本も交渉に参加し，2015年に12か国での協定を大筋合意した。2017年にはアメリカが離脱を表明したが，2018年に残る11か国で協定に署名，発効した。(→教p.191＊2)

日本のFTA／EPA

・2002年以降，さまざまな国や地域と経済統合を進めている

2002年　〔⑭　　　　　　　　　　　　　　〕とEPA

2015年　「〔⑫〕11」など

【FTA／EPA締結後の課題】

「〔⑫〕11」の発効により，工業品輸出が品目・貿易額ともに関税がほぼ撤廃

一方で，〔⑮　　　　　　　　〕の輸入関税が下がるため，厳しい競争に直面

>>> 日本のEPA／FTA
アジア地域をはじめ，中南米やEUなど，21の国・地域との間で発効または署名済み(2021年10月現在)。(→ 國p.191 ❸)

MEMO

Try 地域的な経済統合がもつメリットとデメリットを，自由と公正の観点から考えてみよう。

メリット	
デメリット	

経済のグローバリゼーション

経済のグローバリゼーション（グローバル化）

…ヒト，モノ，サービス，カネ，情報が地球規模で移動

⬆

[①　　　　　　　　　　　　]によるグローバル化の推進

…研究開発，生産，販売などを世界的規模で展開

グローバリゼーションと共生の課題

【EU域内市場】：人の移動が自由

→東欧諸国から，ドイツやイギリスに職を求めて移民が流入

→極端な移民排外主義…移民の増加による社会的摩擦

【アメリカ】

→中南米からの不法移民が流入するが，無権利状態で底辺の労働

【多国籍企業がもたらすデメリット】

…現地の雇用が多国籍企業の動向に左右される

…多国籍企業の母国における[②　　　　　　　　　　]や雇用喪失

金融のグローバリゼーション

[③　　　　　　　　　　　　]

…国際間の資金移動（国際資本移動）の活発化

[**影響**]　投機的取引の増加

（[④　　　　　　　　　　　]による取引など）

…私的に巨額の資金を集めて外国為替や株式などで

運用し，利益を出資者に分配する投資信託

新興市場（エマージング・マーケット）への資金流入

国際的な通貨危機の発生

（[⑤　　　　　　　　　　]など）

【危機のグローバル化】

[事例]　アメリカ発の世界金融危機（2008年）

[背景]　[⑥　　　　　　　　　　　　　　]の破綻

【投機的な取引の規制】

BRICSなど新興国も含めたG20が主導する規制…金融取引への課税

…[⑦　　　　　　　　　　　]（租税回避地）の情報開示や規制

→世界経済における不均衡や不安定性は依然として残る

〉〉〉**エマージング・マーケット**
中南米，ロシア，東欧，東南アジア諸国など。

〉〉〉**1990年代の国際通貨危機**
先進国から流入した短期資金が不動産や株式などへの投機に向かい，バブル経済を発生させた。そしてバブル経済に減速の兆候が出てくると資金が一斉に流出し，その国の通貨価値を暴落させた。
（→ 📖 p.192＊1）

〉〉〉**サブプライムローン**
低所得者向けの住宅ローン。

〉〉〉**タックス・ヘイブン**
所得税や法人税などを減免している国や地域。その拠点としてカリブ海のケイマン諸島や地中海の小国がある。（→ 📖 p.193❷）

〉〉〉**BRICS**
ブラジル（Brazil），ロシア（Russia），インド（India），中国（China），南アフリカ（South Africa）の国名の頭文字をとって命名された。いずれの国も豊富な人口と広大な国土をもち，鉱物資源などにも恵まれる。
（→ 📖 p.193❸）

Check 資料読解 教科書p.192の資料**1**「世界の貿易額と直接投資の推移」　先進国の財輸出，新興・途上国の財輸出，世界の対外直接投資が，それぞれ1995年からおよそ何倍になったか確認してみよう。次の文章の〔ア〕・〔ウ〕・〔オ〕に適語を，〔イ〕・〔エ〕・〔カ〕には数値を書きなさい。

　　1995年と2015年を比べてみると，〔ア　　　　　　　〕の財輸出は約4兆ドルから約10兆ドルへ，約〔イ　　　　〕倍，〔ウ　　　　　　　〕の財輸出は約1兆ドルから約6兆ドルへ約〔エ　　　〕倍に増えた。世界の〔オ　　　　　　　〕は約0.5兆ドルから約2兆ドルへ約〔カ　　　　〕倍に増えた。

Opinion 国際的な資本取引に対する金融規制をすべきか，すべきでないか両方の面から考えてみよう。

金融規制はすべきではない
金融規制は必要だ

Try 教科書p.192～193を参照して，多国籍企業が推進するグローバリゼーションには，どのようなメリットとデメリットがあるか考えてみよう。

メリット	
デメリット	

■ 南北問題とは

［先進国］工業化の進展／北半球に集中

　　先進国(北)と途上国(南)との経済格差＝［①　　　　　　］

［途上国］工業化が進展していない／南半球に集中

【途上国で工業化が進まなかった理由】

・技術や資本の不足，［②　　　　　　　］の遅れ，小規模な国内市場，

外貨の獲得手段が不安定＝［③　　　　　　　　　　　　　］の弊害

■ 新国際経済秩序の樹立への動き

1964年　［④　　　　　　　　　　　　　］(UNCTAD)設置

　　…途上国の開発，貿易，援助を国際的に討議する国連の常設機関

【資源ナショナリズムの動き】

1960年　産油途上国，［⑤　　　　　　　　　　　　］(OPEC)結成

　　　　…国際石油資本(石油メジャー)にかわって

　　　　　　原油生産量や価格決定を主導する目的

1970年代　［⑥　　　　　　　　　　　］の高揚

　　　　　　…自国資源に対する主権の確立を求める動き

1974年　国連「［⑦　　　　　　　　　］(NIEO)樹立に関する宣言」採択

　　　　　　…資源国有化の権利，途上国に不利な交易条件改善など

■ 累積債務と南南問題

二度の石油危機が発生し，先進国だけでなく途上国にも大きな打撃

　　→国際金融機関から借金していた途上国は返済が不可能に

　　　→途上国の債務が累積

　　　　　　　　　　対応策(1990年代〜)

　　・［⑧　　　　　　　　　　　］(リスケジュール)

　　・債務の一部帳消し

　　　　→アフリカ諸国の重債務問題は依然深刻

【近年の課題】

［経済成長を実現した途上国］

産油国／新興工業経済地域([⑨　　　　　　　])

　　　　　　　途上国間の経済格差＝［⑩　　　　　　　　］

［経済成長を実現できなかった途上国］

　サハラ以南の［⑪　　　　　　　　　］諸国など後発発展途上国([⑫　　　　　　　　])

■ 日本の経済協力と課題

【途上国への経済協力】

・［⑬　　　　　　　　　　　　](ODA)

・先進国の民間企業による直接投資

・［⑭　　　　　　　　　　　](DAC)を中心とした開発援助

〉〉〉［③]
単一または少数の一次産品
(原材料や食料など)の輸出
に依存する経済。
(→圏p.194＊1)

〉〉〉［④](UNCTAD)
初代事務局長プレビッシュ
(1901〜86)は，「援助よ
り貿易を」という理念のも
と，発展途上国からの輸入
品に対して，関税面で一方
的に優遇する一般特恵関税
を提唱した。
(→圏p.194＊❷)

〉〉〉累積債務問題
非産油途上国は，工業化の
ための資金を先進国や国際
金融機関から借り入れたた
め，1980年代になると，
世界的な高金利による利子
負担から債務を返済できな
くなった。(→圏p.195❹)

〉〉〉新興工業経済地域
シンガポール，香港，台
湾，韓国は，1980年代以
降高度成長を達成し，アジ
アNIEsと呼ばれた。
(→圏p.195＊2)

〉〉〉［⑭](DAC)
経済開発協力機構(OECD)
の下部組織。

【国連のとりくみ】

2000年　〔⑮　　　　　　　　　　　　　　　〕(MDGs)

　　　　　…極度の貧困と飢餓の撲滅，初等教育の完全普及など，2015年
　　　　　　までに達成すべき目標

2015年　〔⑯　　　　　　　　　　　　　　　〕(SDGs)

　　　　　…あらゆる形の貧困の撲滅，男女平等の達成など，2030年まで
　　　　　　に達成すべき17の国際目標

【日本のODAの特徴】

・世界有数の規模だが，贈与比率は他の先進国に比べて低い

・道路や橋，エネルギー開発など〔⑰　　　　　　　　　〕整備が中心

【今後必要とされる援助のあり方】

・医療，社会福祉，教育など〔⑱　　　　　　　〕関連分野への援助

　←〔⑲　　　　　　　　　〕で重視

>>>ODA
ODA大綱は2015年「開発協力大綱」と改称されて，国益の確保に貢献することが明記され，ODAの積極的運用と，戦略性強化の方針が示された。

MEMO

Check　資料読解　教科書p.195の資料❸「主要国のODA実績額推移と対GNI比率」　日本のODAの課題についてまとめた次の文章の〔ア〕～〔エ〕に，語群から適語を書きなさい。

　2000年以降のODA実績を見てみると，アメリカやドイツ，イギリスは〔ア　　　　　　　〕で推移しているが，日本は〔イ　　　　　　〕で推移している。また，対GNI比でもドイツの約〔ウ　　　　　　〕であり，国際目標の〔エ　　　　〕％はもちろん，DAC平均も下回っている。

　【語群】　2分の1　　3分の1　　横ばい　　右肩上がり　　0.7　　0.31

Try　国際社会における貧困や格差を解消するために，日本や私たち一人ひとりがなすべきことは何だろうか，考えてみよう。

第2章　この章の学習をまとめてみよう。

●世界経済をさらに発展させていくために，日本にできることは何か提案しよう。

☑ 振り返りチェック

ＳＤＧｓ(Sustainable Development Goals)：2015年 国連で採択

・2030年までの達成をめざす国際目標。17のゴールと169のターゲットで構成

・子どもも含めたすべての人が，それぞれの立場から目標達成の為に行動することが求められる

　→キーワード「誰一人取り残さない」

●クイズ　※(　　)は関連する目標

1．1日に2.15ドル未満で暮らしている人は，日本の人口と比べてどのくらい？(目標1)

　①およそ2倍　　　　②およそ4倍　　　　③およそ6倍

2．5歳の誕生日を迎える前に亡くなる子どもの数は？(目標3)

　①およそ100万人　②およそ500万人　③およそ1,000万人

3．男性よりも女性の国会議員の方が多い国はどこ？(目標5)

　①ルワンダ　　　　②韓国　　　　　　③フランス

4．どれくらいの食べ物が毎日，捨てられている？(目標12)

　①生産された食料の約1/6　　②生産された食料の約1/3　　③生産された食料の約2/3

5．毎年800万トンものプラスチックごみが海に流れているというが，その重さはジェット機何機分？

　(目標14)

　①500機　　　　　②5,000機　　　　③50,000機

1.〔　　　　〕 2.〔　　　　〕 3.〔　　　　〕 4.〔　　　　〕 5.〔　　　　〕

Check 資料読解　1次の文章の〔 ア 〕〜〔 コ 〕に適語を書きなさい。

　ＳＤＧｓ目標15「陸の豊かさも守ろう」に関連して，森林減少と一人当たりGNIを関連付けて資料をみると，森林面積減少の大きいブラジル，インドネシアは〔ア　　　　　　　〕，コンゴ民主共和国は低所得国である。とくにブラジルは，名目ＧＤＰで世界の4分の1を占める〔イ　　　　　　〕の一つとして，2000年代に高い経済成長をしてきたことがわかる。ブラジル国内の地域〔ウ　　　　　〕の解消のためにも，アマゾン川流域の開発が進められてきたといえる。しかしながら，森林開発が進められると，影響がひろがる。目標15は正確には，「陸上の〔エ　　　　　　〕や森林の保護・回復と持続可能な利用を推進し，砂漠化と土地の劣化に対処し，〔オ　　　　　　　〕の損失を阻止しよう」である。アマゾンの〔 エ 〕は世界の酸素の20%を生みだし，10%の世界の〔 オ 〕があるので，アマゾンの消失によって絶滅する生物が増えたり，地球温暖化が進んだりする。すなわち，目標13「〔カ　　　　　　　〕およびその影響を軽減するための緊急対策を講じよう」にもかかわってくるのである。〔 カ 〕による洪水被害や水不足などは，〔 ウ 〕の拡大や紛争の原因に発展することもある。それは，目標6「すべての人が〔キ　　　　　　〕とトイレを利用できるよう衛生環境を改善し，ずっと管理していけるようにしよう」や目標10「国内および国家間の不平等を見直そう」につながっている。

　ＳＤＧｓ目標4「すべての人が受けられる公正で質の高い教育の完全普及を達成し，生涯にわたって学習できる機会を増やそう」に関連して，「初等教育の就学率の低い国」を見ると，地域的には〔ク　　　　　　　〕の国が多く，南スーダンやリベリアなど紛争や治安が悪化している国が多いこともわかる。また，男女別で見ると，多くの国で男性の方が就学率が高く，若者の識字率を見ると，例外なく〔ケ　　　　　〕の識字率が低い。学校に通えずに働く子ども，すなわち児童労働をなくしていくことは，SDGs目標8「働きがいも経済成長も」に関連する課題であるし，目標5「〔コ　　　　　　　　　〕

平等を実現しよう」では，すべての女性および女児の能力の可能性を伸ばすことが掲げられている。社会的に作られた性差で[コ]フリーを進めていく必要がある。

2 SDGsを実現するための方法を考えてみよう。

問1　レジ袋の使用をやめることは，17の目標のどれに最も関係しているか。

① 目標2　飢餓を終わらせ，すべての人が一年を通して栄養のある十分な食料を確保できるようにし，持続可能な農業を促進しよう

② 目標7　すべての人が，安くて安定した持続可能な近代的エネルギーを利用できるようにしよう

③ 目標11　安全で災害に強く，持続可能な都市および居住環境を実現しよう

④ 目標14　持続可能な開発のために海洋資源を保全し，持続可能な形で利用しよう

〔　　　　〕

問2　目標12「持続可能な方法で生産し，消費する取り組みを進めていこう」に関係する取り組みとして，適当でないものは何か。

① ノートを購入するとき，リサイクル率の高い紙で作られており，ＦＳＣ認証製品やエコマークのついたものを選ぶ。

② 洋服は，必要でないものはなるべく買わず，買うときには環境に熱心に取り組んでいる企業の製品やフェアトレード製品を選ぶ。

③ 大企業は，なるべく化学物質を使って，効率よく生産し，その情報を定期報告に盛り込む。

④ 先進国は，発展途上国に対して，生産現場における科学的・技術的能力の強化を支援する。

〔　　　　〕

問3　次の①～④は，下のＡ～Ｄのどれに関連しているか。適する組合せを答えなさい。

① 薬物の乱用やアルコール依存の防止・治療をすること

② 発展途上国において，安価なインターネットアクセスを可能にする環境を整備すること

③ あらゆる形態の暴力や汚職・贈賄をなくしていく

④ ＯＤＡの目標達成に努め，発展途上国の輸出を増やすなどの政策協調をおこなう

Ａ：目標3「すべての人に健康と福祉を」　　Ｂ：目標9「産業と技術革新の基盤をつくろう」

Ｃ：目標16「平和と公正をすべての人に」　　Ｄ：目標17「パートナーシップで目標を達成しよう」

①〔　　　　〕 ②〔　　　　〕 ③〔　　　　〕 ④〔　　　　〕

Try　ＳＤＧｓの17の目標からあなたが最も優先的に解決すべきと考えるものを選んで，その理由と自らの行動について書いてみよう。

①最も優先すべき課題
②その理由
③2030年に向かって，その課題解決のために自分がしていこうと思うこと

①次の図は，A国とB国との間で一年間に行われた経済取引をドル換算で表したものである。A国がB国以外の国との取引を行わなかったとすると，A国の貿易・サービス収支，第一次所得収支，第二次所得収支の金額の組合せとして正しいものを，下の①〜⑧のうちから一つ選べ。

（大学入学共通テスト（政治・経済）・2021年第1日程）

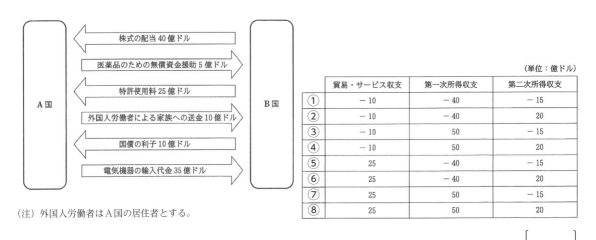

（単位：億ドル）

	貿易・サービス収支	第一次所得収支	第二次所得収支
①	－ 10	－ 40	－ 15
②	－ 10	－ 40	20
③	－ 10	50	－ 15
④	－ 10	50	20
⑤	25	－ 40	－ 15
⑥	25	－ 40	20
⑦	25	50	－ 15
⑧	25	50	20

（注）外国人労働者はA国の居住者とする。

[　　]

②1980年代から顕著となり現在まで続く経済のグローバル化の中で，発展途上国・新興国への日本企業の進出がどのような要因によって進み，その結果，日本や発展途上国・新興国にそれぞれどのような影響をもたらすことが考えられるかについて簡略化してまとめた次の図中の空欄　ア　には次ページのAかB，空欄　イ　には次ページのCかDのいずれかの記述が入る。その組合せとして最も適当なものを，①〜④のうちから一つ選べ。　（大学入学共通テスト（政治・経済）・2021年第1日程を一部改変）

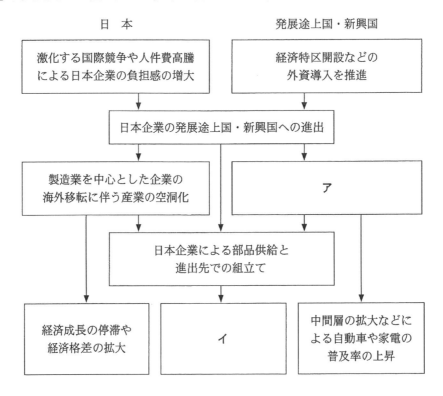

A 外資導入による輸出指向（志向）型での工業化の進展

B 自国資本による輸入代替工業化の進展

C 日本と発展途上国・新興国間の工業製品の貿易における日本の最終製品輸出比率の上昇と中間財輸入比率の上昇

D 日本と発展途上国・新興国間の工業製品の貿易における日本の最終製品輸入比率の上昇と中間財輸出比率の上昇

① アーA　イーC　② アーA　イーD　③ アーB　イーC　④ アーB　イーD

〔　　　　〕

③次の図は，日本の累積援助額（1960年〜2017年）の上位国のうち，インド，インドネシア，タイ，バングラデシュ，フィリピンの名目GNI（米ドル），電力発電量，平均寿命，栄養不良の人口割合のデータを調べ，この5か国の平均値を2002年と2015年とで比較したものである。図中のア〜ウはそれぞれ，電力発電量，平均寿命，栄養不良の人口割合のいずれかについて，2002年の5か国の平均値を100とする指数で表したものである。図中のア〜ウに当てはまる項目の組合せとして正しいものを，下の①〜⑥のうちから一つ選べ。 （大学入学共通テスト（政治・経済）・2021年第1日程を一部改変）

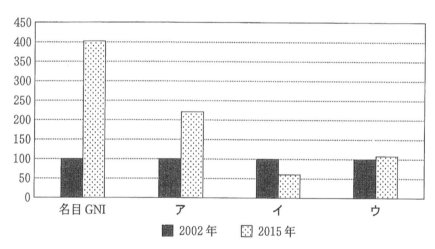

（注）2002年の栄養不良の人口割合の数値は2000年〜2002年の平均値を使用。
（出所）総務省統計局『世界の統計』（2006，2018，2019年版）により作成。

	ア	イ	ウ
①	電力発電量	平均寿命	栄養不良の人口割合
②	電力発電量	栄養不良の人口割合	平均寿命
③	平均寿命	電力発電量	栄養不良の人口割合
④	平均寿命	栄養不良の人口割合	電力発電量
⑤	栄養不良の人口割合	電力発電量	平均寿命
⑥	栄養不良の人口割合	平均寿命	電力発電量

〔　　　　〕

［(公共704)公共]準拠
公共　マイノート

表紙デザイン──鈴木美里

●編　者　実教出版編修部

●発行者　小田　良次

●印刷所　株式会社加藤文明社

●発行所　実教出版株式会社

〒102-8377
東京都千代田区五番町5
電話〈営業〉(03) 3238-7777
　　〈編修〉(03) 3238-7753
　　〈総務〉(03) 3238-7700
https://www.jikkyo.co.jp/

002402022

ISBN 978-4-407-36010-3

公共 マイノート

解答編

文章記述式の設問については，必要に応じて解答例を
掲載しました。

実教出版

第1章　社会を作る私たち

1　青年期とは　　　　　　　　　　p.4

①第二次性徴　　②通過儀礼　　③モラトリアム
④エリクソン　　⑤自我　　⑥第二の誕生
⑦ルソー　　⑧第二反抗期　　⑨心理的離乳期
⑩マージナル・マン　　⑪レヴィン

Check 資料読解
③

Try（解答例）
・将来どのような職業に就き，どのような社会的責任を果たしていくべきかを考え，模索していく時期（エリクソンの言う心理・社会的モラトリアムの時期）。将来の自分がどのように生きていくかを考える大切な時期だと思う。
・自分らしさを求め，自我にめざめる時期。自分らしい個性や考え，価値観に基づいて行動できるような自己を作り上げていく。そのことによって自分の人生が創り出されていくと思う。
・自分なりの判断や生き方，人生観や世界観を創り出していく時期。他人とぶつかることもあり，自分自身も悩むことの多い，しかし，自己の確立のためには乗り越えていかなくてはならない時期。

2　自己形成の課題（1）　　　　　　p.6

①葛藤　　②適応　　③欲求不満　　④防衛機制
⑤抑圧　　⑥合理化　　⑦反動形成　　⑧昇華
⑨欲求不満耐性　　⑩パーソナリティ

Check 資料読解
ア．他者　　イ．不安　　ウ．価値ある人間
エ．共感　　オ．劣等感

Try（解答例）
・他人から信頼されるような存在。
⇒他人に対して，はっきりと自分の意思を伝える。そして，他人の意見にも率直に耳を傾け，ともに人間関係を作っていくような態度をもって行動する。
・向上心を持って，常により良い自分を目指すような人。
⇒自分が何を求めているか，その実現には何が必要かを考え，行動する。そのうえで，他人と共感しながら前向きに物事に取り組み，劣等感に負けない。
・個性をもって自分らしさを貫いている人。
⇒自分とはどのような性格なのかを理解する。自分のもつ信念について把握し，そのような信念をもって行

動する自分が周囲から認められるような体験を積み重ねていく。

3　自己形成の課題（2）　　　　　　p.8

①発達課題　　②エリクソン　　③アイデンティティ
④アイデンティティの拡散　　⑤アパシー
⑥第二次性徴　　⑦自我　　⑧人生観　　⑨自己実現

Check
ア．清明心　　イ．誠　　ウ．もののあはれ
エ．独立自尊　　オ．間柄的存在

Active　省略

4　職業生活と社会参加　　　　　　p.10

①自己実現　　②インターンシップ　　③フリーター
④ニート　　⑤社会的動物　　⑥社会参加
⑦ボランティア活動

Check 資料読解
①，④

Active　省略

5　伝統・文化と私たち　　　　　　p.12

①風土　　②八百万神　　③神道　　④清明心
⑤誠　　⑥忠信　　⑦惟神　　⑧漢意
⑨真心，もののあはれ　　⑩天賦人権
⑪内発的開化　　⑫外発的開化　　⑬間柄的存在

Try（解答例）
・日本人は古来より，自然に対する豊かな感性をもち，自然と共存していこうとする生活を営んできた。このような日本人の伝統・文化は，温暖化など地球環境問題に直面している私たちにとって，人間と自然との関係はどうあるべきか考えるときに大きなヒントとなるのではないか。
・人に対して嘘偽りない態度で臨むという伝統的な倫理観は，他人を思いやり，他者と共感できる人間関係を作り出してきた。格差の拡大や分断化が進んでいるという国際社会にあって，このような共感的なありかたを，人間関係の基本として見直していくべきではないか。

第2章 人間としてよく生きる

1 古代ギリシアの人間観　p.14

①合理主義　②よく生きる　③無知の知
④フィロソフィア　⑤プシュケー　⑥魂への配慮
⑦アレテー　⑧知行合一　⑨福徳一致
⑩イデア　⑪エロース　⑫形相　⑬倫理的徳
⑭中庸　⑮全体的正義　⑯部分的正義
⑰テオーリア

Try（解答例）

・ソクラテスが言うように，人間の外見や地位や財産がその人の本質ではないと思う。知というものを理性的にとらえ，自己の内面性を常に良いものとするように努めることが人間の人間らしさなのであり，人間にとっての幸福なのだと思う。

・善や正といったものが本当にあるのか，自分にははっきりと答えられないが，善や正を求め続けるということが人間本来のあり方なのだと思う。そのような，本来のあり方を実践できている人が幸福に生きている人なのだと思う。

・人間は理性をもって行動することができる，社会的な動物である（アリストテレス）。社会的動物として正義と友愛をもって人間関係を作り上げていくことが大切だと思う。

・人間は現実の社会のなかに生きている。社会のなかで，自分らしさを十分に発揮し，徳（人間としての良さ）をもって生きていけることこそ，幸福に生きるということだと思う。

2 科学と人間　p.16

①経験　②帰納法　③経験論　④知は力なり
⑤方法的懐疑　⑥考える私
⑦コギト・エルゴ・スム　⑧演繹法　⑨合理論
⑩精神と物体の二元論

Check 資料読解

1　②　　2　③

Active 省略

3 自由の実現　p.18

①善意志　②動機説　③意志の自由
④仮言命法　⑤定言命法　⑥道徳法則
⑦意志の自律　⑧人格　⑨目的の国　⑩人倫
⑪国家

Check 資料読解

1　①

2　ア．家族　イ．個人　ウ．市民社会
エ．人倫

Try（解答例）

・自由とは，勝手気ままに何でもできるということではなく，自分がなすべきことを自らが選び取ることのできることが本当の自由であると思う。意志の自律をもつことが個人に自由をもたらすのではないか。

・自由とは，単に個人が自由であるというだけでは一面的だ。人間は現実にある社会のなかで生きていくのであり，自由とは，その社会のなかで実現されていくものではないか。そこには個人の自由も含まれるし，社会における共同といったものも含まれると思う。

4 社会を作る人間　p.20

①実存は本質に先立つ　②自由の刑
③アンガージュマン　④生活世界の植民地化
⑤対話的理性　⑥コミュニケーション的行為
⑦労働　⑧仕事　⑨活動　⑩公共性

Check 資料読解

1　ア．理性　イ．市民的公共性　ウ．対話
エ．討議　オ．合意
カ．コミュニケーション的行為

2　ア．労働　イ．仕事　ウ．活動　エ．複数

Try（解答例）

・私たちの生きる社会には，依然として多くの問題がある。このような社会に主体的に生きる私たちにとって，自ら進んで社会状況にかかわり，社会の形成に参加していくことが必要であると思う。

・社会は多くの考えや意見をもつ人々から成り立っている。互いの意見を自由に表明しあい，お互いに議論を重ねながら合意を形成していくことが必要だと思う。

・一方的な意見の押し付けや，不十分な合意形成によって社会が作られていくと，人々は社会を作り上げていくことに対して無関心となってしまい，社会に対して責任をもっていこうとする民主主義的パーソナリティは育たないと思う。民主的な社会を作りだすためには声を上げていかなくてはならない。

・社会とは，複数の人間によって構成されている。他者とかかわろうとすることをやめてしまうと，人々がさまざまな個性や考えをもっていることを見失い，人間にとって大切な，互いを信用するということもできなくなってしまう。人々が対等に意見を述べ，直接にかかわりあうような場を作っていくべきだと思う。

第3章　他者とともに生きる

1　人間と幸福　p.22

①功利主義　②結果説　③最大多数の最大幸福
④質的功利主義　⑤他者危害原則　⑥帰結主義
⑦義務論　⑧カント

Check 資料読解

ア．快楽　イ．苦痛　ウ．快楽　エ．苦痛

Try（解答例）

・その人の命を守る，ということはその人の究極の幸福を守るということだ。人によってその大切さはかわりがない。であるのなら，1人の命よりも9人の命が優先されるのは当然だ。この例だけでなく，より多い人の命を救う方が結果からみて正しい選択だ。

・「命を守れ」とは誰もあらがうことのできない究極の命令だ。だから，1人だけを救うことも，9人だけを救うことも，ともにとるべきではない。この例では，10人に対して平等に医療資源を分配すべきである。たとえ，それによって多くの人命が失われようと，それはあくまで結果の問題だ。

2　公正な社会をめざして　p.24

①公正　②正義の原理　③機能　④潜在能力
⑤リベラリズム　⑥リバタリアニズム
⑦コミュニタリアニズム　⑧徳倫理学

Check 資料読解

①（解答例）・ロールズ：基本的な権利と義務が平等に割り当てられるべきで，不平等が生まれるとしても，それが，最も不遇なひとの便益を補正する場合に限られる。

・セン：基本財を，人が価値を認める様々なことを行うケイパビリティに変換する能力についても考慮する。

②　①

Active　省略

第4章　民主社会の倫理

1　人間の尊厳と平等　p.26

①尊厳　②平等　③個人の尊重
④マイノリティ　⑤寛容　⑥男女共同参画社会
⑦ジェンダー　⑧ポジティブ・アクション
⑨クォータ制

Check 資料読解

①　③

②　ア．独断や偏見　イ．差別　ウ．寛容

Active　省略

2　自由・権利と責任・義務　p.28

①権利　②義務　③自由
④子どもに教育を受けさせる義務　⑤勤労の義務
⑥納税の義務　⑦世代間の正義

Try（解答例）

①・地球温暖化問題：現在の私たちの生活をどれだけ豊かにするか，という視点ではなく，未来世代が自然環境を享受して生きていけるためには現在の私たちは何をなすべきかという視点で考える。また，各国それぞれの取り組みではなく，グローバルな取り組みを進める。

・財政問題：国債の累積は将来世代に負担を残すことになりかねない。このまま進むと将来世代はどれだけ負担することになるのか，国の歳出には削減することが可能なものはないのかなど情報公開をして国会はもちろん，国民の間でも広く議論をする。あわせて，現代の世代が負担できるような合理的な税制を議論していく。

②・学級新聞に自分の考えなどを掲載するといった表現の自由は，日本国憲法の中の精神の自由の一つとして保障されている，きわめて重要な基本的人権の一つである。しかし，このような権利は濫用してはならず，公共の福祉のために利用しなくてはならない（第12条）。みんなのためになると考えたA君であるが，この記事の内容がBさんのプライバシーの権利を侵害し，結果としてBさんが個人として尊重されることなく書かれてしまったことは問題であると思う。個人情報にかかわる問題については，事前に本人にその内容をよく確認してもらってから公開すべきだ。

Active　男女共同参画社会を実現するには

問　②，③

Trial　社会が成り立つためには

Try　省略

第5章　民主国家における基本原理

1　民主政治の成立　p.30

①政治権力　②国家権力　③公共空間
④絶対王政　⑤王権神授説　⑥市民革命
⑦ブルジョアジー　⑧基本的人権の尊重
⑨国民主権　⑩権力分立

Check 資料読解
ア．⑦　イ．④　ウ．⑦　エ．⑤　オ．①

Try
ア．対立　イ．権力　ウ．共通の利益

2　民主政治の基本原理　p.32

①社会契約説　②自然権　③ロック
④抵抗権（・）革命権
⑤個人の尊重　⑥基本的人権　⑦自由権
⑧社会権　⑨ワイマール憲法　⑩夜警国家
⑪福祉国家　⑫法の支配　⑬マグナ・カルタ
⑭コーク（クック）　⑮立憲主義

Check 資料読解
1　ホッブズ：ア．③　イ．④
ロック：ア．①　イ．⑥
ルソー：ア．⑤　イ．②
2　ア．国王（君主・独裁者）
イ．支配のための道具　ウ．議会
エ．君主・政府

Try
自由権：②，③，④，⑥
社会権：①，⑤

3　民主政治のしくみと課題　p.34

①民主政治　②参政権　③チャーティスト運動
④普通選挙制　⑤直接民主制　⑥議会制民主主義
⑦多数決原理　⑧少数意見の尊重　⑨ファシズム
⑩モンテスキュー　⑪抑制と均衡

Check 資料読解
ア．多数者の専制　イ．多数決原理
ウ．大衆民主主義　エ．無知な大衆
オ．少数意見の尊重

Try
ア．立憲主義　イ．権力の制約　ウ．個人

4　世界の主な政治制度　p.36

①立憲君主制　②議院内閣制　③総辞職
④影の内閣　⑤違憲審査権　⑥大統領制
⑦教書　⑧拒否権　⑨全国人民代表大会
⑩共産党　⑪開発独裁

Check 資料読解
1　ア．信任　イ．連帯責任　ウ．解散
エ．拒否　オ．教書　カ．弾劾
2　議院内閣制：①　大統領制：②，③

Try
中国：①，③　日本：②

Exercise　第1部　p.38

1　⑥
（解説）①と②：Xの反動形成は，抑圧した欲求と正反対の行動をとることなので，Yはどちらも該当しない。
③と④：Xの抑圧は，欲求不満や不安を無意識に押さえ込んで，忘却することなので，Yはどちらも該当しない。
⑤と⑥：Xの置き換えには，他の欲求に置き換えて満足すること（代償）とより高い価値の欲求に置き換えて満足すること（昇華）があるが，⑤のYは置き換えの例ではない。⑥は代償の例である。

2　⑤
（解説）ア：明治日本の国民の権利は，為政者によって与えられた「恩賜的民権」であるため，人民が市民革命を通して勝ち取った「恢復的民権」に育てなければならないと説いた中江兆民の著書。
イ：近代日本の文明開化は「内発的開化」を欠いた「外発的開化」であるととらえた夏目漱石の著書。
ウ：独立自尊の精神が，個人の独立に留まらず国家を独立させるものだと説いた福沢諭吉の著書。

3　④
（解説）(2)：裁判権は常設の機関には担わせてはならないとあるので，イとは合致しない。
(3)：任命や罷免を通じた介入をしないとあるので，ウとは合致しない。

4　④
（解説）A：ロックは国家権力を立法権と執行権に区別・分離するとあるので誤り。
B：中国の権力集中制では権力分立を否定しており，ロックの権力分立論とは合致しないので誤り。

第2部 よりよい社会の形成に参加する私たち

1 現代の民主政治と日本国憲法

第1章 日本国憲法の基本的性格

1 日本国憲法の成立　p.40

①欽定憲法　②天皇　③統帥権の独立
④臣民ノ権利　⑤大正デモクラシー
⑥男子普通選挙制度　⑦治安維持法
⑧ポツダム宣言　⑨マッカーサー　⑩松本案
⑪マッカーサー草案

Check 資料読解

① 大日本帝国憲法：臣民　日本国憲法：主権者
② 大日本帝国憲法：③，④，⑦，⑧
　　日本国憲法：①，②，⑤，⑥

Try

ア．（国家）権力　イ．国民　ウ．天皇
エ．臣民ノ権利　オ．法律

2 日本国憲法の基本的性格　p.42

①国民主権　②象徴天皇制　③国事行為
④基本的人権の尊重　⑤平和主義　⑥戦争
⑦交戦権　⑧平和的生存権　⑨最高法規
⑩憲法尊重擁護義務　⑪国民　⑫硬性憲法
⑬国会　⑭国民投票

Check

① ア．総議員　イ．3分の2　ウ．発議
エ．国民投票　オ．過半数
② ②，③

Try（解答例）

憲法に従って政治をおこなうことを立憲主義というが，立憲主義にはそれ以上の内容が含まれ，その内容とは権力の制約である。民主主義のもとでも，政府による人権侵害の可能性は残るし，多数者の専制がおこなわれる危険性もある。そこで，個人の人権は多数決によっても侵害しえないという考え方が生まれた。これこそが立憲主義であり，その目的は個人を尊重することにある。そのため，立憲主義を具体化する憲法によって権力の制約がおこなわれる必要があるのである。

3 自由に生きる権利　p.44

①自由権　②思想・良心の自由　③信教の自由
④政教分離の原則　⑤表現の自由　⑥学問の自由
⑦人身の自由　⑧罪刑法定主義
⑨適正（法定）手続きの保障　⑩職業選択
⑪財産権　⑫公共の福祉

Opinion

① 存続論：①，③，④　廃止論：②，⑤，⑥
② 省略

4 平等に生きる権利　p.46

①平等権　②法の下の平等　③教育
④男女雇用機会均等法　⑤男女共同参画社会基本法
⑥ジェンダー　⑦全国水平社
⑧アイヌ文化振興法　⑨アイヌ民族支援法
⑩参政権　⑪障害者基本法

Check 資料読解

ア．結果の平等　イ．間接差別
ウ．積極的差別是正措置（ポジティブ・アクション）
エ．クォータ制（割当制）

Try

ア．個人の尊重　イ．人間の尊厳

5 社会権と参政権・請求権　p.48

①社会権　②生存権　③法的権利説
④プログラム規定説　⑤朝日訴訟
⑥教育を受ける権利　⑦勤労権
⑧団結権（・）団体交渉権（・）団体行動権
⑨労働基準法　⑩参政権　⑪公務員
⑫国民審査　⑬住民投票　⑭国民投票
⑮請求権　⑯請願権　⑰国家賠償　⑱刑事補償

Check

②，③

Active 省略

6 新しい人権　p.50

①環境権　②知る権利　③情報公開法
④特定秘密保護法　⑤アクセス権
⑥プライバシーの権利　⑦個人情報保護法
⑧マイナンバー法　⑨自己決定権
⑩インフォームド・コンセント
問 ①，③，⑦，⑧

Try

① ア．私生活　イ．宴のあと　ウ．個人情報
エ．コントロール　オ．個人情報保護法
② 省略

7 人権の広がりと公共の福祉 p.52

①マス・メディア　②世界人権宣言
③国際人権規約　④公共の福祉

Active

問1　①，②，④
問2　②，③，④
問3　②

Try　省略

8 平和主義とわが国の安全 p.54

①平和主義　②平和的生存権　③戦争　④戦力
⑤国の交戦権　⑥警察予備隊　⑦朝鮮戦争
⑧保安隊　⑨自衛隊　⑩文民統制の原則
⑪内閣総理大臣　⑫国家安全保障会議
⑬日米安全保障条約
⑭日米相互協力及び安全保障条約　⑮日米地位協定
⑯ガイドライン
⑰もたず，つくらず，もちこませず

Check

1　ア．西側　イ．ソ連　ウ．冷戦
2　③，④

Try　省略

9 こんにちの防衛問題 p.56

①ＰＫＯ協力法　②日米安保共同宣言
③周辺事態　④テロ対策特別措置法
⑤イラク復興支援特別措置法　⑥有事法制
⑦武力攻撃事態法　⑧国民保護法
⑨集団的自衛権　⑩安全保障関連法

Try

1　ア．人間の安全保障　イ．食料
2　①，②，⑤

第2章　日本の政治機構と政治参加

1 政治機構と国会 p.58

①直接民主制　②代表民主制　③国会
④三権分立　⑤国権の最高機関
⑥唯一の立法機関　⑦衆議院　⑧参議院
⑨両院協議会　⑩不逮捕　⑪免責　⑫歳費
⑬予算　⑭憲法改正　⑮国政調査権
⑯衆議院の優越　⑰委員会　⑱党議拘束

Check

1　ア．任期　イ．解散　ウ．民意
2　①，④，⑤，⑦

Try

ア．主権　イ．国民主権　ウ．直接
エ．間接（代表）　オ．全国民

2 行政権と行政機能の拡大 p.60

①内閣　②内閣総理大臣　③条約　④予算
⑤政令　⑥助言と承認　⑦議院内閣制
⑧不信任決議　⑨総辞職　⑩解散　⑪官僚政治
⑫委任立法　⑬行政手続法　⑭情報公開法
⑮行政委員会

Check 資料読解

ア．内閣立法　イ．立法機関

Try

ア．行政手続法　イ．情報公開法
ウ．オンブズ・パーソン（行政監察官）

3 公正な裁判の保障 p.62

①三審制　②司法権の独立　③民事　④刑事
⑤行政　⑥違憲審査権　⑦憲法の番人
⑧統治行為論　⑨裁判　⑩公開　⑪国民審査
⑫弾劾裁判所　⑬裁判員制度　⑭検察審査会

Opinion

1　消極論：①，②，④　　積極論：③，⑤，⑥
2　省略

Try　省略

4 地方自治と住民福祉 p.64

①住民自治　②団体自治　③議会　④長
⑤二元代表制　⑥機関委任事務
⑦地方分権一括法　⑧自治事務　⑨法定受託事務
⑩地方交付税　⑪国庫支出金　⑫三位一体改革
⑬レファレンダム　⑭直接請求権

⑮イニシアティブ　⑯リコール　⑰住民投票

Check 資料読解
1　①，④
2　ア．自主財源　イ．地方交付税
ウ．国庫支出金　エ．地方債
オ．三割（四割）自治

Active
1　肯定論：①　　否定論：②，③
2　省略

5 政党政治 p.66

①政党　②与党　③野党　④政党政治
⑤二大政党制　⑥多党制　⑦連立政権
⑧政党助成法　⑨55年体制　⑩自由民主党
⑪細川　⑫民主　⑬政権交代

Check 資料読解
1　ア．自由民主党　イ．日本維新の会
ウ．立憲民主党　エ．社会民主党　オ．公明党
カ．日本共産党　キ．事業収入　ク．党費
2　（解答例）
離合集散を繰り返している。

Try 省略

6 選挙制度 p.68

①選挙権　②普通選挙　③平等選挙
④大選挙区　⑤小選挙区　⑥比例代表　⑦死票
⑧小選挙区比例代表並立制　⑨非拘束名簿
⑩公職選挙法　⑪政治資金規正法
問　ア．54万　イ．27万　ウ．18万
エ．48万　オ．24万　カ．16万　キ．24万
ク．12万　ケ．8万　コ．12万　サ．6万
シ．4万　ス．2人　セ．2人　ソ．1人
タ．0人

Check 資料読解
①，④，⑥

Try （解答例）
性別や経済力など一定の条件を設けられた下での制限選挙や，有権者によって1票の価値が異なってしまったりすると民意が政治に正確に反映できないから。

7 世論と政治参加 p.70

①マス・メディア　②メディアリテラシー
③政治的無関心　④無党派層　⑤市民運動
⑥住民運動　⑦NPO
問　(1)　①，④　(2)　②

Try
②，⑤

選挙権を行使するために p.72

①18　②18　③25　④30
⑤期日前投票　⑥在外選挙制度　⑦18
⑧公職選挙法
問　1　②
（解説）①：有権者が電子メールで選挙運動をおこなうことは禁止されている。
③：公職選挙法では，選挙運動は原則的に自発的かつ無報酬でおこなうものとされている。
2　②
（解説）①：有権者でなければ選挙運動はできない。
③：部活動の連絡先は選挙運動のために作成されたものではないので，他の部員に無断で譲り渡してはならない。
3　（省略）

Exercise 第2部 1 p.74

1　⑥
（解説）資料1：「国や地方公共団体が負担すべきである」とあるので，「国会の判断に広く委ねられる」ことにはならない。
資料2：「経済上の理由」による問題を「教育扶助・生活扶助の手段によって解決すべき」とあるので，「生存権の保障を通じての対応」と考えられる。
資料3：「立法政策の問題として解決すべき事柄」とあるので，「憲法の前記法条の規定するところではない」とあるが，「憲法によって禁止」されているわけではない。
2　②
（解説）政党X：「二大政党制」の場合は，多数党による「単独政権」と結びつきやすい。また，「地域の結束と家族の統合を重視」するということは，「伝統的共同体の価値を尊重」することになる。
政党Y：「多党制」の場合は，単独政権は難しく，他の政党との「連立政権」と結びつきやすい。また，「個々人がもつ様々なアイデンティティの尊重」は，「ライフスタイルの多様性を尊重」することになる。

2 現代の経済社会と国民生活

第1章 現代の経済社会

1 経済主体と経済活動の意義　p.76

①財　②サービス　③生産の三要素　④家計
⑤企業　⑥政府　⑦経済循環　⑧配分
⑨トレード・オフ

Check

1 ア．必要　イ．不必要

2 a．②　　b．①

Try （解答例）

家計および企業は経済の効率性の視点で行動するが，政府はさらに公平性の視点ももつようになっている。したがって，経済における公平性の実現は政府の役割である。

2 経済社会の変容　p.78

①利潤追求の自由　　②生産手段の私有化
③労働力の商品化　　④自由放任
⑤アダム＝スミス　⑥見えざる手
⑦ニューディール政策　⑧有効需要
⑨修正資本主義　⑩新自由主義
⑪生産手段の共有化　⑫計画経済
⑬社会主義市場経済　⑭グローバリゼーション

Check 資料読解

1

a．産業資本主義　③　A

b．修正資本主義　④　B

c．新自由主義　①　A

d．社会主義経済　②　B

2 小さな政府

（理由の解答例）

図において，労働力人口に占める公務員の割合は先進国中で低位で，一般政府支出の対ＧＤＰ比においても中〜低位であり，総合的に見て小さな政府といえる。

3·4 市場のしくみ／市場の失敗　p.80

①高い　②低い　③超過供給　④超過需要
⑤均衡価格　⑥市場メカニズム　⑦価格カルテル
⑧独占禁止法　⑨公正取引委員会　⑩寡占
⑪独占　⑫プライスリーダー　⑬管理価格
⑭価格の下方硬直性　⑮非価格競争
⑯情報の非対称性　⑰外部不経済　⑱外部経済
⑲公共財　⑳市場の失敗

Try

需要曲線が左側にシフトする場合
　A群：②　　B群：⑥
供給曲線が右側にシフトする場合
　A群：③　　B群：⑧

Opinion

効率性を重視する意見：B

（理由）省略

Active 省略

5 現代の企業　p.82

①私企業　②株式会社　③会社法　④無限責任
⑤株主　⑥配当　⑦有限責任　⑧株主総会
⑨所有（資本）と経営の分離　⑩コングロマリット
⑪多国籍企業　⑫コーポレート・ガバナンス
⑬ディスクロージャー　⑭企業の社会的責任
⑮コンプライアンス

Check 資料読解

ア．出資　イ．配当　ウ．株主総会
エ．取締役　オ．所有と経営の分離　カ．監査役

Active 省略

6 国民所得　p.84

①国内　②中間生産物　③付加価値
④海外からの純所得　⑤固定資本減耗　⑥間接税
⑦補助金　⑧三面等価
Quiz の答え　①
問 (1)5　(2)25　(3)20　(4)10　(5)60

Check 資料読解

民間消費

Try

ア．付加価値　イ．中間生産物　ウ．ＧＮＩ
エ．固定資本減耗　オ．間接税

7 経済成長と国民の福祉　p.86

①名目ＧＤＰ　②実質ＧＤＰ　③経済成長率
④景気変動　⑤好況　⑥インフレーション
⑦デフレーション　⑧不況　⑨在庫
⑩設備投資　⑪工場　⑫技術革新　⑬フロー
⑭ストック　⑮国富　⑯一人当たりＧＤＰ

Try

1 ア．国民純福祉　イ．余暇　ウ．環境破壊
エ．グリーンＧＤＰ　オ．環境対策費用
カ．貧困

2 （解答例）

国民一人ひとりの平均的な経済的豊かさを示す一つの指標として一人当たりＧＤＰがある。この指標は経済的豊かさのベースとなる。しかし人間が幸福であるか否かということに着目するとき，ＧＤＰや一人当たりＧＤＰという指標では，環境問題，余暇や自由時間，貧困や社会的不平等といった要素が抜け落ちる。また，さらに主観的要素なども考慮する必要がでてくるであろう。

8 金融の役割 p.88

①社債　②他人資本　③金融市場　④信用創造
⑤マネーストック　⑥証券会社　⑦保険会社
⑧間接金融　⑨直接金融　⑩金融の自由化
⑪ペイオフ

Check 資料読解

現金通貨の割合：7.4（％）
預金通貨の割合：58.4（％）

Try（解答例）

直接金融 - メリット
（貸し手側の例）出資後のリターンが間接金融に比べ大きい。
（借り手側の例）金融機関が難しいと判断した場合でも，投資家の判断により資金を調達できる。
直接金融 - デメリット
（貸し手側の例）投資先が安全かどうかを自分で判断する必要がある。
（借り手側の例）出資者側が経営に参画してくる。
間接金融 - メリット
（貸し手側の例）貸す前にリスクを厳しく判断するので貸し倒れの懸念を少しでも減らせる。
（借り手側の例）審査基準を満たせば借り入れができる，財務面でのアドバイスを受けられる。
間接金融 - デメリット
（貸し手側の例）完全にリスクを排除することは難しい。
（借り手側の例）自社の情報を提供しなければならない。

9 日本銀行の役割 p.90

①日本銀行　②銀行の銀行　③政府の銀行
④発券銀行　⑤金本位制度　⑥管理通貨制度
⑦金融緩和　⑧金融引き締め　⑨公開市場操作
⑩無担保コールレート
⑪資金供給（買い）オペレーション
⑫資金吸収（売り）オペレーション
⑬ゼロ金利政策　⑭量的緩和政策

問 ②

Check 資料読解

1985 年からの景気後退期：下落
1987 年からの景気上昇期：上昇
1990 年からの景気後退期：下落

Try

ア．金融緩和　　イ．金融引き締め

10 財政の役割と租税 p.92

①資源配分　②所得の再分配　③累進課税制度
④経済の安定化　⑤フィスカル・ポリシー
⑥ビルト・イン・スタビライザー
⑦ポリシー・ミックス　⑧一般会計　⑨特別会計
⑩財政投融資　⑪国税　⑫地方税　⑬直接税
⑭間接税　⑮垂直的　⑯水平的

Check 資料読解

1　式）195 万円 × 5 ％ = 97500 円 …①
　　（330 万円 − 195 万円）× 10 ％ = 135000 円　…②
　　（600 万円 − 330 万円）× 20 ％ = 540000 円　…③
　　①＋②＋③ = 772500 円
答）772500（円）

2　①社会保障関係費
②日本の少子高齢化が急速に進んだから

3　①所得税　②消費税

Try（解答例）

所得格差の拡大は，憲法で定められた「健康で文化的な生活」を妨げるおそれもあり，人間の尊厳を損なうことにつながる。こうした不平等の解消のために，政府が累進課税制度をとり，集めた税金を高所得者から低所得者への再分配として生活保護や雇用保険など社会保障給付に用いることができるという点に財政の意義がある。

11 日本の財政の課題 p.94

①直間比率　②消費税　③法人税　④国債
⑤建設国債　⑥赤字国債　⑦石油危機
⑧国債依存度　⑨財政の硬直化
⑩プライマリーバランス

Try

1　主な原因　社会保障関係費の増大
根拠（解答例）1990 年度当初予算の歳出項目と 2023 年度予算の歳出項目を比較すると，最も大きな差があるのは社会保障関係費であることがわかる。この増大分の歳入不足を埋めるために赤字国債が発行されたと考えられる。

2　問1　ア．租税　　イ．国債　　ウ．2
エ．国債費　　オ．財政の硬直化

問2　（解答例）
国債で集めた資金を現在の世代がすべて消費に使う場合は，現在世代が恩恵を受け，返済の負担（税金）は将来世代が負うことになる。

問3　（解答例）
建設国債のように，その資金で，道路や港，公営病院などを作った場合，現在世代も将来世代もともに利用することになる。したがってこちらの方がより公正な財政のあり方といえよう。仮にこれを国債を使わず，現在世代の税金のみでまかなうとしたら，現在世代が過剰な負担を強いられるということになる。

Active 財政再建をどのように進めるべきか p.96

振り返りチェック

●時事ノート　国債累積問題
1　1990
2　【増え続ける「借金」】ア．1068　イ．1280
ウ．2
【国債の累積はどんな問題を引き起こすか】①，③
●財政再建をどのように進めるべきか
問1　ア．1990　イ．2020
問2　ア．デンマーク　イ．日本

Check 資料読解
1　①カズ　②リサ　③ケン
2　**3**　①地方交付税　②公共事業関係費
4　（解答例）
①毎年のように大雨や台風による被害があり，堤防やダムの整備がおこなわれないと，被害がさらに拡大する危険性が高い。
②過疎地域は地方税が不足しており，交付税が減らされると，教育や警察などの予算が厳しくなり，過疎化がさらに進んでしまう。
5　（解答例）
・1997年や2014年など税率が上がった時に，税収が急増する。
・景気の影響を受けにくい。
6　個人所得課税（と）消費課税
Try　省略

第2章　日本経済の特質と国民生活

1 戦後日本経済の成長と課題　p.98

①傾斜生産方式　②もはや戦後ではない
③高度経済成長　④公害　⑤石油危機
⑥プラザ合意　⑦バブル景気　⑧不良債権
⑨貸し渋り　⑩失われた10年　⑪赤字国債
⑫民営化　⑬規制緩和　⑭実感なき景気回復
⑮金融危機

Check 資料読解
1　ア．9.1　イ．4.2　ウ．0.8　エ．低下
2　①，③，⑤
3　ア．非正規雇用　イ．低く　ウ．物価
エ．名目　オ．実質

Try　（解答例）
非正規雇用の拡大で賃金が抑えられ，消費需要が減退，それにともない物価も下落し，企業収益も伸び悩んでいるから。

---

2 転機に立つ日本経済　p.100

①労働人口　②社会保障費
③ＴＰＰ11　④ＡＩ

Check 資料読解
1　ア．社会保障関係　イ．年金制度
ウ．保険料　エ．社会福祉　オ．介護サービス
2　ア．大きな　イ．小さい　ウ．大きい
エ．大きな　オ．小さい　カ．公務員数
キ．政府支出

Active　省略

---

3 経済社会の変化と中小企業　p.102

①下請け　②系列　③経済の二重構造
④300　⑤3　⑥事業承継　⑦ベンチャー企業
⑧社会的企業

Check 資料読解
問1　300
問2　企業規模が小さくなるにつれて，賃金，設備投資率（資本装備率），生産性の指数は減少していく。
問3　60
問4　40

---

4 農業と食料問題　p.104

①農業基本法　②食料・農業・農村基本法
③食料自給率　④食糧管理制度　⑤減反

⑥新食糧法　　⑦ウルグアイラウンド　　⑧TPP11
⑨食料安全保障　　⑩６次産業　　⑪食品安全基本法
⑫地産地消

Check 資料読解

1　日本の食料自給率は一貫して低下しており, 図中の先進国の中で最も低い水準である。

2　③

(解説) 農家数, 農業就業人口の低下や, 輸入農産物の増加にともなう自給率の低下は資料2でも明らかである。この解決のためには, 農業所得が主となる主業農家 (もしくは専業農家) の数が激減していることを資料1から読み取ることで, 自給率を向上させるためには, 主業農家の増加が重要であるという食料安全保障論の一例の説明ができる。

①④：自給的農家は, 販売を目的としていないため, 自給的農家が増えても自給率の向上にはつながらない。

②：食料安全保障の観点では, 他国の自給率よりも自国の自給率のほうが重要なので, アメリカやフランスの自給率を用いて説明するのは適当ではない。

Try (解答例)

①所得補償金などで小規模農家を保護することで, ひとまず農村部の過疎化や農地の荒廃を防ぐことができるという点。

②・規制緩和で大規模経営を進行させると, 農業経営の効率が向上し生産力が増大することにつながるという点。

・日本農業の国際競争力の強化にもつながるという点。

5　消費者問題　　p.106

①消費者問題　　②悪質商法　　③四つの権利
④消費者主権　　⑤消費者保護基本法
⑥消費者基本法　　⑦消費者庁　　⑧製造物責任法
⑨無過失責任　　⑩クーリング・オフ
⑪消費者契約法

問　ア. 払わない　　イ. カード会社
ウ. クーリング・オフ　　エ. 契約書の写し

Try

①2004年に消費者保護基本法が改正されたもので, 「消費者の権利の尊重」と「消費者の自立の支援」を掲げ, 従来の消費者保護の姿勢から, 消費者の自立と自己責任を重視する姿勢に改めている。

②製造物責任 (PL) 法においてとられるようになった, 消費者が欠陥商品による被害を受けた場合, 企業側の過失を証明できなくても, 損害賠償を請求できるという考え方。

③欧米諸国において, 欠陥の事実が確認されなくても, 説明書どおりに使用して事故にあった場合は, 製品に欠陥があったと推定することで損害賠償を請求できること。

6　公害の防止と環境保全　　p.108

①四大公害訴訟　　②産業・経済の発展
③公害対策基本法　　④環境庁　　⑤無過失責任
⑥汚染者負担の原則　　⑦総量規制　　⑧環境基本法
⑨環境アセスメント法　　⑩環境省　　⑪生活型公害
⑫循環型社会形成推進基本法　　⑬３Rの原則
⑭グリーンコンシューマー

Check 資料読解

自動車による大気汚染, 廃棄物による環境汚染, 有害な化学物質汚染, アスベスト (石綿) による健康被害

Try

問1　ミキ：③　　ケン：②
問2　省略

7　労働問題と労働者の権利　　p.110

①労働組合法　　②労働関係調整法　　③日本国憲法
④労働三権　　⑤労働基本権　　⑥労働基準法
⑦不当労働行為　　⑧労働委員会　　⑨斡旋
⑩調停　　⑪仲裁　　⑫男女雇用機会均等法
⑬セクシュアル・ハラスメント
⑭育児・介護休業法

Check 資料読解

問1　ア. 25 (〜) 29　　イ. 35 (〜) 39　　ウ. 低下　　エ. 上昇
問2　ア. 80.2　　イ. 17.13　　ウ. 女性　　エ. 育児休業

Try (解答例)

・男女の育児休業の取得率の差を縮小できるように, 「育児は女性の役割」といった意識をかえる。

・育休の一定期間を父親に割り当てる制度 (パパ・クオータ制度) を導入する。

・実質的平等を実現するために, ポジティブ・アクション (積極的差別是正措置) をとる。

8　こんにちの労働問題　　p.112

①日本的雇用慣行　　②終身雇用制
③年功序列型賃金　　④企業別労働組合
⑤非正規雇用　　⑥ワーキングプア
⑦労働者派遣法　　⑧過労死
⑨ワーク・ライフ・バランス

Check 資料読解

① 1607　　② 1349

③式）(1607-1349) ÷ 8＝32.3　（約）33（日）

Try

問1　メリット　安定的な雇用と所得を実現しやすい。
デメリット　労働者は転職しにくく，企業にとっては
雇用調整しにくくなる。

問2　メリット　職業選択の機会が増える。
デメリット　一般に低賃金。雇用期間が短く不安定。
生活の維持が厳しい。

9 社会保障の役割　　p.114

①救貧法　　②ビスマルク　　③ベバリッジ報告
④ゆりかごから墓場まで　　⑤イギリス・北欧
⑥ヨーロッパ大陸　　⑦社会保険
⑧国民皆保険・皆年金　　⑨積立　　⑩賦課
⑪公的扶助　　⑫社会福祉　　⑬公衆衛生

Try（解答例）

日本国憲法第25条は，国民の生存権を保障するため
国の社会保障義務を定めている。つまり最低限度の生
活を保障することは社会の責任であるから，税金中心
のしくみが必要である。またよりよい医療・年金・介
護を求めるには，個人の責任も含めたしくみ，すなわ
ち社会保険制度が必要になる。

10 社会保障制度の課題　　p.116

①合計特殊出生率　　②超高齢　　③少子高齢化
④年金　　⑤現役労働者　　⑥職業
⑦ホームヘルパー　　⑧デイサービス
⑨ショートステイ　　⑩ノーマライゼーション
⑪バリアフリー　　⑫ユニバーサルデザイン
⑬セーフティネット

Check 資料読解

ア．医療　　イ．年金　　ウ．賦課

Try

問1　ア．②　　イ．③　　ウ．④　　エ．①

問2　（解答例）

どちらがより持続可能か：
・負担に応じた給付となるので，給付水準を維持しや
すい（社会保険方式）。
・保険料ではなく租税になるので，未納や滞納の問題
が起きにくく財源が安定しやすい（税方式）。

どちらがより公平か：
負担と給付の関係が明確で，負担に応じた給付になる
（社会保険方式）。
人生に起こるリスクを，個人ではなく社会全体で共有

Active これからの福祉社会を考える　　p.118

振り返りチェック

●時事ノート　格差から貧困へ

1　問1　年間所得が全国民の所得の中央値の半分に
満たない人の割合

問2　アメリカ

問3　13.9

●社会保障制度の課題

1　ア．130　　イ．医療　　ウ．年金

2　ア．その他の世帯　　イ．高齢者世帯

3　ア．60　　イ．1.3

●時事ノート　年金制度改革

1　年金の支給開始年齢の段階的引き上げ，定年の延
長

2　B，D

Check 資料読解

1　ア．租税負担　　イ．社会保障負担　　ウ．年金
エ．福祉・その他

2　スウェーデン，フランス，ドイツ

3　国名：フランス　　（およそ）5（倍）

4　問1　C

問2　B

問3　省略

Try　省略

Exercise 第2部　2　　p.120

1　②

（解説）A：下線部中で「非排除性」を念頭におくと
あり，道路の非排除性については「通行料を支払った
人にしか道路を使わせない，ということはできない」
とあるので，「一般道を使う人はお金を支払わない」
ことになる。

B：「一般道のあちこちに料金所を置くのは無理」な
ので，企業は通行料（利潤）を得ることができない。
したがって，「社会で必要とされる量の道路を作ろう
としない」。

2　③

（解説）日本のGDP（国内総生産）には，日本で働
く日本人と外国人が受け取った所得（AとC）は含ま
れるが，海外で働く日本人が受け取った所得（B）は
含まれない。

3　①

（解説）①：石油危機を克服した日本は，1980年代
には年平均4〜5％の安定成長を実現した。

②：1973年の第1次石油危機をきっかけに，1974年には戦後初のマイナス成長を記録した。

③：1990年代に入るとバブル経済が崩壊し，「失われた10年」ともいわれる不況となった。

④：1950年代から1970年代初頭にかけて，日本は年平均10%の高い成長率を記録した（高度経済成長）。グラフは1960年代の成長率。

⑤：2008年のアメリカ発の金融危機の影響で日本経済はマイナス成長となった。

④　⑥

（解説）労働市場においては，労働者側が「供給」，企業などの雇用者側が「需要」となる。

A：「働く年齢層の人（＝労働者側）が減っている」ので，「供給」が減少していることになる。

B：「店員を雇わなくてもよい無人コンビニなどが増えていく（＝雇用者側）」とあるので，「需要」が減少する可能性がある。

C：「雇われて働こうとする女性（＝労働者側）が増える」ので，「供給」の増加を意味する。

⑤　④

（解説）生徒Yも生徒Zも，「人と人とのつながり」について意見を述べているので，「資料ア　現在の地域での付き合いの程度」を参考にしていると考えられ，①もしくは④に絞られる。

①生徒Zが，「町村でも低下していることに着目」とあるが，資料アからは時間の経過を読み取ることができない。

⑥　⑥

（解説）3Rの施策は，リデュース（抑制）→リユース（繰り返し利用）→リサイクル（再資源化）の優先順位となっている。

ア：回収して再利用しているのでリサイクル。

イ：ゴミの埋め立ては3Rのいずれにも該当しない。

ウ：利用料の削減なので，リデュース。

エ：繰り返し使用するので，リユース。

3　国際社会と人類の課題

第1章　国際政治の動向と課題

1　国際社会と国際法　p.124

①国際法　　②条約　　③国際慣習法　　④不戦条約
⑤世界人権宣言　　⑥国際人権規約
⑦国際司法裁判所　　⑧国際刑事裁判所
⑨ＮＧＯ
問　ア．世界人権宣言　　イ．国際人権規約
ウ．死刑の廃止

Check 資料読解（解答例）
司法権の独立を含めて，司法制度の関連で問題が生じるおそれがあり，慎重に検討を進めているため。

Try（解答例）
当事者間の合意により，国際司法裁判所に付託することが必要である。

2　国際連合と国際協力　p.126

①国際連盟　　②集団安全保障　　③全会一致
④国際連合　　⑤安全保障理事会　　⑥常任理事国
⑦拒否権　　⑧大国一致　　⑨多数決
⑩平和維持活動　　⑪国連総会

Check 資料読解
1　同盟
2　①A　　②C　　③B　　④D

Try
1．人権理事会　　2．国連貿易開発会議
3．国連環境計画　　4．国際労働機関
5．国際通貨基金　　6．世界保健機関

3　こんにちの国際政治　p.128

①冷戦　　②朝鮮戦争　　③ベトナム戦争
④ＥＵ　　⑤ＮＡＴＯ　　⑥ＡＲＦ　　⑦湾岸戦争
⑧民族紛争　　⑨アメリカ同時多発テロ
⑩アフガニスタン　　⑪単独行動主義
⑫イラク戦争　　⑬クリミア　　⑭アラブの春

Check 資料読解
1　2003年〜：ダルフール（紛争）
1990〜94年：ルワンダ（紛争）
1991〜95年：ユーゴスラビア（内戦）
2014〜15年，22年〜：ウクライナ（紛争）
1994〜2009年：チェチェン（紛争）
2003年：イラク（戦争）
1991年：ソマリア（内戦）

2003 年：イラク（戦争）

1991 年：ソマリア（内戦）

1991 年：湾岸（戦争）

2 アフリカ・東欧・中東など

Try（解答例）

「国益をこえて」という視点からは，地球環境問題，特に地球温暖化対策が第一の課題と言えるだろう。

4 人種・民族問題　　　p.130

①人種問題　②公民権運動　③アパルトヘイト
④難民　⑤ノン・ルフールマン
⑥国連難民高等弁務官事務所　⑦民族浄化
⑧人道的介入　⑨ナショナリズム
⑩自民族中心主義　⑪多文化主義

Check

ア．冷戦終結　イ．1990　ウ．2010
エ．湾岸戦争　オ．イラク戦争　カ．シリア内戦

Try　省略

5 軍拡競争から軍縮へ　　　p.132

①核抑止論　②恐怖の均衡　③INF 全廃条約
④戦略兵器削減条約　⑤核拡散防止条約
⑥包括的核実験禁止条約　⑦第五福龍丸
⑧原水爆禁止世界大会　⑨パグウォッシュ会議
⑩国連軍縮特別総会　⑪核兵器禁止条約

Check 資料読解

1．中南米　2．南太平洋　3．東南アジア
4．アフリカ

Try（解答例）

①この条約は，核保有国と非核保有国との対立を深め，核なき世界の実現が遠のく。

②（賛成の立場）唯一の被爆国である日本は，率先して核兵器の残虐さを訴えるべきでる。

（反対の立場）アメリカの核の傘に頼る日本としては，現実的に考えた方がよい。

6 国際平和と日本の役割　　　p.134

①サンフランシスコ平和条約　②日米安全保障条約
③日ソ共同宣言　④国連　⑤西側諸国
⑥アジア　⑦日韓基本条約　⑧日中共同声明
⑨日中平和友好条約　⑩戦後補償
⑪北方領土　⑫竹島　⑬人間の安全保障

Opinion（解答例）

こんにちでは多くの国が核兵器を保有しており，他国へ圧力をかける手段となっている。しかし，外交に失敗すれば大規模な戦争に発展し，核兵器の使用が現実化する可能性がある。そうした危険をかかえる国際情勢の中で，日本は唯一の被爆国であり，自ら戦争を放棄することによって戦争を防止してきた。こうした経験と実績の上に立って，日本は世界に向かって戦争の悲惨さ，核兵器の残虐さを声を大にして訴えるべきである。

第2章　国際経済の動向と課題

1 貿易と国際収支　p.136

①ヒト　②特化　③国際分業の利益
④比較生産費説　⑤リカード　⑥自由貿易
⑦保護貿易　⑧関税　⑨リスト　⑩垂直貿易
⑪水平貿易　⑫国際収支　⑬金融　⑭黒字
⑮赤字　⑯プラス　⑰マイナス

Check 資料読解

ア．輸入　イ．貿易　ウ．第一次所得
エ．直接　オ．貿易　カ．投資

Try

自由貿易
メリット　各国が生産性の高い財の生産に特化して輸出しあうと，同じ労働力でより多くの財を生産できる。
デメリット　競争にさらされる発展途上国の産業が衰退し，失業者が増える。
保護貿易
メリット　発展途上国が自国産業を保護・育成することができる。
デメリット　競争がないと，長期的には企業の成長にはマイナスとなる。

2 外国為替市場のしくみ　p.138

①外国為替　②為替レート　③需要と供給
④変動為替　⑤円高　⑥ドル　⑦円
⑧ドル安　⑨円安　⑩ドル　⑪ドル高
⑫上昇　⑬減少　⑭空洞化　⑮低下　⑯低下
⑰増加　⑱上昇

Check 資料読解

ア．需要　イ．円高　ウ．ドル　エ．ドル高

Try

ア．輸出　イ．空洞化　ウ．物価　エ．輸出
オ．国内　カ．物価

3 第二次世界大戦後の国際経済　p.140

①ブロック経済　②第二次世界大戦
③ブレトンウッズ協定　④IMF
⑤国際復興開発銀行　⑥GATT
⑦金・ドル本位制　⑧固定為替相場制
⑨基軸通貨　⑩国際収支　⑪特別引出権
⑫ニクソン・ショック　⑬変動為替相場制
⑭プラザ合意　⑮円　⑯円高
⑰多角的な貿易交渉　⑱ウルグアイラウンド
⑲世界貿易機関　⑳ドーハラウンド

Check 資料読解

ニクソン・ショック：②　　プラザ合意：③
WTO発足：④　　ドーハラウンド開始：①
世界金融危機：⑤

Opinion 省略

4 地域的経済統合の進展　p.142

①FTA　②EPA　③EC
④マーストリヒト条約　⑤EU　⑥ユーロ
⑦デフォルト　⑧NAFTA
⑨MERCOSUR　⑩AFTA　⑪RCEP
⑫TPP　⑬APEC
⑭シンガポール　⑮農産物

Try（解答例）

メリット
・大きな市場で関税などの障壁なしに商品取引ができ，投資も自由におこなえるので，経済活動が活発化する。
・国境間の移動も自由になり，より大きな市場で効率的な経済活動がおこなえる。
デメリット
・多くの国の間で共通のルールが必要になるため，主権の制限が必要になる。
・産業が未発達で低賃金の国から高賃金の国への労働力の移動・移民が増加し，移民先の国での雇用の悪化・賃金の低下が生じる。
・競争力のある産業をもつ国が有利なため，経済活動の活発化が公正なものになりにくい。

5 国際経済のつながりと課題　p.144

①多国籍企業　②産業空洞化
③金融のグローバル化　④ヘッジファンド
⑤アジア通貨危機　⑥サブプライムローン
⑦タックス・ヘイブン

Check 資料読解

ア．先進国　イ．2.5倍　ウ．新興・途上国
エ．6　オ．対外直接投資　カ．4

Opinion（解答例）

（金融規制はすべきでない）
自由な投資は世界全体の経済を活性化させ，人々の所得向上につながるから。
（金融規制は必要だ）
投機的な資金移動は世界経済を不安定化させ，貧富の格差を拡大させるから。

Try（解答例）

メリット
・多国籍企業は，現地子会社への技術移転を通じて進

出先の工業化を促進する。

・多国籍企業の投資により進出先の雇用と所得を創出して経済成長を実現する。

・工業化した進出先が工業製品を輸出して外貨の獲得が可能になる。

デメリット

・進出先の賃金が上昇すると，工場がより賃金の安い国に移転して現地の雇用が失われてしまう。

・多国籍企業の母国では，産業空洞化や雇用喪失が生じる。

6　発展途上国の諸課題と日本の役割　p.146

①南北問題　　②教育　　③モノカルチャー経済
④国連貿易開発会議　　⑤石油輸出国機構
⑥資源ナショナリズム　　⑦新国際経済秩序
⑧債務返済の繰り延べ　　⑨ＮＩＥｓ　　⑩南南問題
⑪アフリカ　　⑫ＬＤＣ　　⑬政府開発援助
⑭開発援助委員会　　⑮ミレニアム開発目標
⑯持続可能な開発目標　　⑰産業基盤　　⑱生活
⑲ＯＤＡ大綱

Check 資料読解

ア．右肩上がり　　イ．横ばい　　ウ．2分の1
エ．0.7

Try　省略

Active SDGsの実現に向けて　p.148

●ＳＤＧｓ　クイズ

1．③　　2．②　　3．①　　4．②　　5．③

Check 資料読解

① ア．中所得国　　イ．ＢＲＩＣＳ　　ウ．格差
エ．生態系　　オ．生物多様性　　カ．気候変動
キ．安全な水　　ク．アフリカ　　ケ．女性
コ．ジェンダー
② 問1　④
問2　③
問3　①Ａ　　②Ｂ　　③Ｃ　　④Ｄ

Try　省略

Exercise　第2部　3　p.150

① ③

（解説）A国の国際収支なので，A国に向かう矢印の取り引きはプラス，反対はマイナスで計算する。

貿易・サービス収支：該当するのは，「特許使用料」＋25億ドルと「電機機器の輸入代金」－35億ドルで，合計－10億ドル。

第一次所得収支：該当するのは，「株式の配当」＋40億ドルと「国債の利子」＋10億ドルで，合計50億ドル。

第二次所得収支：該当するのは「医薬品のための無償資金援助」－5億ドルと「外国人労働者による家族への送金」－10億ドルで，合計－15億ドル。

② ②

（解説）

ア：「日本企業の発展途上国・新興国への進出」は，「発展途上国・新興国」においては，「外資導入による輸出指向（志向）型での工業化の進展（A）」をもたらし，「中間層の拡大などによる自動車や加点の普及率の上昇」につながる。

イ：「日本企業による部品供給と進出先での組み立て」によって，日本は進出先で組み立てられた「最終製品」を輸入し，「中間財」を輸出することになるため，「日本と発展途上国・新興国間の工業製品の貿易における日本の最終製品輸入比率の上昇と中間財輸出比率の上昇」という結果になる。

③ ②

（解説）

日本の援助によって，2015年の名目ＧＮＩが2002年と比較して4倍程度になっている。援助によって各項目が改善しているとすれば，電力発電量と平均寿命はグラフでは平均値が増え，栄養不良の人口割合は減ることになる。

アとウ：アは2002年との比較で2倍以上になっているが，近年インドなどで工業化が進んでいることや，「平均寿命」が13年間で2倍になることは考えにくいので「電力発電量」となり，ウが「平均寿命」となる。

イ：平均値が減っているのはこれだけなので，「栄養不良の人口割合」となる。